원점.

373일, 지구 한 바퀴를
무사히 돌 수 있게 해준
모든 이들에게

2017년 4월 18일 ~
2018년 4월 25일

●들어가며

좋은 죽음이 있을까? 고등학교 3학년 여름, 스스로에 대한 착취로 조금 아플 때가 있었다. 1년만 아니, 몇 개월만 버티면 성인이 되어 자유를 맞이할 수 있었다. 그러나 버텨야 하는 것이 문제였다. 그 자체가 문제라기보다 그러한 상황에 맹목적으로 빠져든 것이 문제였다. 좋은 미래를 바랐다. 아니 좋아 보이는 미래를 바랐을지도 모른다.

고3의 시간은 언제나 '미래'에 고정되어 있었다. 11월 둘째 주 어느 요일을 바라보고 매일을 겨우 붙들었다. 똑똑한 사람은 미래를 자극제로 이용한다. 처음엔 나도 그렇게 살기 위해 노력했다. 그 당시 좋은 미래로 다가가는 가장 가까운 방법은 '성적'이었다. 하지만 우등생들이 모인 내 학교에서 성적을 올리기란 쉬운 일이 아니었다. 어쩌면 당연한 일이었다. 중학교 때까지 매일 축구만 하던 녀석이 1, 2년 만에 다른 친구들을 따라잡으려는 것 자체가 욕심이었다.

그래도 좋은 미래를 너무 가지고 싶었다. 그래서 현재를 미래에 바치기 시작했다. 마냥 죽여서 바쳤다. 나를 돌볼 여유 따위는 허락하지 않았다. 그럼 좋은 미래가 올 거로 생각했다. 그런데 문제는 그것이 과연 정말 좋은 미래인지 아니면 좋아 보이는 미래인지는 나로선 알 바가 아니었다는 것이다. 미래, 미래, 미래.

그렇게 1년 동안 미래만 바라보다 정신을 차려보니 생경한 곳에 도달해있었다. 미래의 끝, '죽음'. 죽음이란 무엇일까? 그 어이없는 질문이 자꾸 떠올라 아무것도 할 수 없었다. 온 인류가 몇백만 년간 답을 내리지 못한 숙제를 하루아침에 스스로 짊어졌다. 현실의 붕괴였다. 앞서 말했듯 언제나 좋은 미래를 바랐다. 그러나 미래의 끝인 죽음은 결코 좋아 보이지 않았다. 무서웠다. 죽음 앞에서 지금의 것들은 다 무의미해 보였다.

 나는 지금 어디에 있는 걸까? 현실로 돌아가고 싶었지만 돌아가는 방법을 몰랐다. 모든 게 무너졌다.

 담임 선생님께서 자습 시간에 나를 조용히 불렀다. 그는 내게 매점에 가서 이야기를 좀 하자고 했다. 한창 치열해야 할 오후 자습시간에 선생님과의 독대라… 낯설었다. 그는 내게 사과 맛 팩 음료수를 건네주며, "진규야, 요즘 좋아하는 음악 있니?"라고 물었다. 떠오르는 것이 없었기 때문에 없다고 대답했다. 그러자 그는 "그럼 음악 말고 다른 거는?"이라고 물었다. 갑자기 눈물이 쏟아져 나왔다. 좋아하는 것이 아무것도 없었다. 그런 질문 자체가 내게 그저 사치처럼 느껴졌다. 선생님은 나를 토닥이며 너의 잘못이 아니라고 했다.

학교를 며칠 쉬기로 했다. 기숙사에서 나와 오랜만에 집에서 늦잠도 자고 가족들끼리 나들이도 갔다. 물론 혼자 있을 때면 어김없이 죽음이라는 생각이 찾아와 나를 괴롭혔다. 여러 군데에서 상담을 받았다. 상담하다 보면 괜찮아지는가 싶다가도 다시 혼자가 되면 어김없이 불안해졌다. 그럴 때면 약을 먹고 자 버리기도 하고 상담할 수 있는 이곳저곳에 전화해서 두려움을 없애기도 했다.

 많은 이들이 죽음에 대한 각자의 생각을 나에게 풀어주었다. 누군가는 천국이 있다고 했고, 누군가는 죽음은 그냥 죽음이라고 했다. 모두 일리 있는 말이었고, 이해가 가는 말이었다. 하지만 처음 듣는 말들은 아니었기에 해답이라기보다는 위로 정도에 가까웠다.

 그런데 한 상담사가 한 번도 생각해보지 못한 답변을 주었다. 그는 왜 죽음을 나쁜 걸로 단정 짓느냐고 내게 되물었다. 그럼 죽음이 좋을 수도 있나? 당황스러웠다. 그는 후회 없이 행복한 삶을 산 누군가에게는 죽음도 하나의 설렘이 될 수 있다고 했다. 잠깐의 희망을 본 기분이 들었다. 하지만 그저 믿기에는 대답이 너무 이상적이었다.

 결국 깔끔한 결론을 짓지 못한 채 다시 학교로 돌아갔다. 그리고 보기 좋게 수능을 망쳤고 다음 해 다시 수험생이 되었다. 그래도 사랑하는 가족들과 친구들 또 나를 생각해 주는 사람들이 있었기에 버틸 수 있었다. 하지만 이후 나름의 현실을 되찾고 사회생활을 하는 중에도 허탈감이 끈질기게 나를 괴롭혔다. 밖에선 잘만 웃다가도 집에만 들어오면 공허했다. 무언가 의미를 찾을수록 더 무의미하게 느껴졌다. 죽음 앞에만 서면 드는 감정. 언젠가 나에게 닥칠 원점으로의 회귀가 두려웠다.

매일 밤, 매주 일요일, 매년 12월 31일. 달력 속 크고 작은 원점들을 경험했다. 하지만 나만의 원점은 없었다. 좋은 죽음이 과연 있을까? '죽음'을 경험해볼 수는 없지만, '끝'을 겪어볼 수는 있었다. 내가 낳은 시작과 끝. 우선 그것을 경험해야 한다. 그저 끝을 내기 위해서가 아니라 끝을 겪어보기 위해서. 하지만 엄두가 나지 않았다. 거울에 슬쩍 비친 내 모습이 초라해 고개를 돌렸다. 겨우 마음을 다잡아 다시 서보려 해도, 머릿속에서는 그러고 있을 때가 아니라며 알람을 울려댔다. 그렇지, 지금 할 일이 얼마나 많은데.

알람이 울리면 자연스레 고개를 떨궜다. 하지만 그렇게 6년이 지나니 더 이상은 안 될 것 같은 기분이 들었다. 에라 모르겠다! 우선 고개를 들고 나와, 점을 하나 찍어보자. 다시 돌아올 나만의 첫 원점을. ●

● 에피소드 1

 여행을 가겠다고 결심한 지 4개월 만의 일이었다. 연구소에서 공부하던 친구 건형이까지 여행에 합류했다. 우리는 각종 호텔부터 방진복을 입어야 하는 렌즈 공장에서까지 일을 하면서 정신없이 경비를 모았고, 어느덧 여행 출발일로부터 하루 앞에 다가섰다.

 여행 전날 밤, 아직 태그도 떼지 않은 파란 배낭 속에 짐들을 꾸역꾸역 넣고 있다가 환기도 좀 시킬 겸 방 밖을 나섰다. 부모님은 TV를 보며 저녁 시간을 오붓하게 보내고 있었고, 동생은 방 안에서 무엇을 하는지 혼자 깔깔댔다. 여행을 정말 가는 것이 맞나 싶은 생각도 들었지만, 방 안에 펼쳐져 있는 수많은 짐들을 보니 꿈만은 아닌 듯 했다. 빨리 싸지 않으면, 꼬박 밤을 샐 수도 있겠다는 생각이 들어 재빠르게 남은 짐들을 배낭에 넣었다.

 "으챠챠!" 결속을 완료한 배낭을 시험 삼아 한 번 메어보았다. 생각보다 더 육중한 무게가 내 어깨에 실렸다. 짐이 너무 많나 싶기도 했지만, 오히려 무게가 실리니 든든한 감도 있었다. 어찌되었건 빠뜨린 건 없으니 되었다는 생각으로 배낭을 방 한쪽에 세워놓은 채 불을 끄고 침대에 누웠다. 나와 십 수년을 함께한 침대가 새삼 새로이 느껴졌다. 멀뚱멀뚱. '내가 진짜 여행을 가는 건가?'로 시작한 생각의 꼬리는 '죽지는 않겠지?' 따위의 유난스러운 호들갑으로 이어졌다. 뭐, 물론 그 당시 나에게는 그게 호들갑은 아니었을 수도 있지만 말이다.

 마치 남의 일인듯 담담하지만 조금은 상기된 기분으로 아침을 맞이했다. 왜 지구 반대편에 사는 장거리 커플들이 커뮤니케이션으로 어려움을 겪는다고 하는지 조금은 알 것 같았다. 새벽의 감성과 아침의 이성이란, 고작 6시간의 사이에서 양극을 이루었다.

 보통은 아침밥을 거르거나 많이 먹지 않지만, 오늘만큼은 엄마가 해주신 밥을 깔끔하게 먹어치웠다. 보통날의 아침이 아니었기 때문이다. 밥을 먹고 일어나 배낭을 다시 한 번 "으찻차!" 하고 맨 채 현관 앞에 섰다. 반려견 꼬맹이는 '쟤 또 어디가나?' 하는 표정으로 쪼르르 달려와 꼬리를 흔들었다. 엄마는 배낭이 진짜 크다며 하하 웃으셨다. 자식들의 일이라면 평소보다 훨씬 예민해지는 엄마가 오늘은 걱정의 말 대신 호탕한 웃음을 지었다.

 나도 웃으며 집 밖을 나섰다. 역을 향해 걸으니 처음엔 무거웠던 발걸음이 점차 가벼워지기 시작했다. 역시 나는 실전에 강한 놈! 기세등등하게 셀카도 찍으며 현재의 설렘을 만끽하던 중, 친구 건형이에게 전화가 왔다. "어디야?" 건형이가 물었다. 나는 '설레서 또 전화했구만?'이라고 생각하며 가는 중이라고 말했다. 그러자 그는 "빨리 와 지금 전철 전역이야!"라고 했다. "전역이라고?" 나는 전화를 빨리 끊고, 시간표를 다시 확인했다. 믿을 수가 없었다. 내가 반대편행 시간표를 본 것이다. 일단 흥분을 가라앉혔다. 역까지 걸어가는 시간은 12분 정도였고, 전철이 전역에서 오는 시간은 3분 쯤이었다. 뛰든 해볼만하다!

 나는 모든 여유를 집어던지고, 열심히 뛰기 시작했다. 하지만 한 가지 간과한 사실은 내 어깨에 14kg의 짐이 실려 있다는 것이었다. '젠장, 그래도 전철 타야지! 여행 가야지!' 하는 마음으로 정말 죽을 힘을 다해 달렸다. 멀리서 전철 소리가 들렸고, 잠깐 쉴까 하는 마음을 저 멀리 집어던진 채 다시금 몸이 부서져라 달렸다

 드디어 역에 도착했고, 온 건지 간 건지 알 수 없는 전철 소리가 들려왔다. "나 먼저가.." 건형이에게 전화가 왔다. 건형이는 의리도 없이 혼자서 전철을 타고 공항버스를 타러 갔다. 거친 숨에 모든 말들을 빼앗겼다. 눈앞이 핑 돌고 이상한 기포 같은 것들이 아른거렸다. 건형이에게 다시 전화가 오더니 깔깔 웃으며 택시를 타고 오라고 했다. 택시를 타라니! 자기 돈 아니

라고! 첫 판부터 진 기분이었다. 그렇게 온몸에 난 땀을 아침 바람에 씻으며 역 근처 택시정류장으로 갔다.

"의정부역이요..."

아직도 헐떡대는 숨을 고르며 택시 창문을 내리고 먼 풍경을 바라봤다. 바람이 정말 달콤하도록 상쾌했다. 땀과 함께 많은 것들이 배출되는 기분이었다. 사실 죽어라 뛰지 않았어도, 여행은 갈 수 있었다. 다만 땀으로 가벼워진 몸과 함께 지갑도 조금.. 가벼워졌을 뿐. 1200원이면 갈 의정부역을 20,000원에 가면 그만이었다.

아오, 나 진짜 여행가는구나!

p.s 지하철 1호선 끝자락에 있는 내 고향 동두천은 전철 배차 간격이 넓다. 그나마 출근 시간이라 배차 간격이 나쁘지는 않았지만, 시간이 딱 정해진 공항버스를 타러 가는 것이었기 때문에 다음 전철을 탄다면 버스를 타지 못할 수도 있었다. 택시가 있는 것이 도리어 천만다행이었다.

● 에피소드 2

 우여곡절 끝에 첫 여행지 베트남 하노이에 도착했다. 다섯 시간의 비행에 허기가 진 우리는 공항 내에서 햄버거를 하나 사 먹고 시내로 나갔다. 만약 2박 3일의 짧은 여행이었다면 조금 더 참았다가 시내 현지식에 바로 도전했을 테지만, 여유가 있는 우리는 현지화에 앞서 햄버거로 가볍게 몸을 풀었다.

 식사를 마치고 5분 정도 기다려 공항버스를 탔다. 첫 도시 하노이의 공기는 눅눅했다. 시멘트가 훤히 드러나는 건물에 붉고 누른 원색의 간판들이 덕지덕지 붙어 있었다. 그리고 그 풍경 사이로 숭, 수많은 오토바이가 나의 시야를 침범해 들어왔다. '오, 이 동네는 오토바이가 생각보다 많네.' 여유롭게 첫 도시를 감상하며 시내로 들어갔다.

 시내에 들어오자 길이 좁아지면서 모든 것이 더욱더 빽빽하게 시야에 들어왔다. 울창하디울창한 진초록의 가로수들과 아기자기하고 개성 있는 모습의 상점들이 눈을 사로잡았다. 버스 앞 유리로 목적지인 하노이 기차역이 보였고, 나는 배낭을 챙겨 내릴 준비를 했다. 드디어 낯선 사람들이 사는 낯선 터전에 두 발을 내딛는 순간이었다.

잠시 잊고 있던 14kg의 배낭이 내 어깨를 강하게 눌렀다. 땀 냄새가 섞인 듯한 텁텁한 공기가 온몸으로 우리를 맞았다. 정신을 차려볼 겸 고개를 쳐드니 아까는 그저 하나의 2D 영화처럼 보였던 오토바이들이 3D 영화가 된 것처럼 눈앞을 오가며 내 오감을 자극했다. 그저 구경거리에 가까웠던 것들이 굉장한 위협이 되었다. 코앞에서 쌩쌩 달리는 오토바이들을 뚫고, 숙소까지 걸어가야 한다니 그저 막막했다.

우선은 건널목이 나올 때까지 도보를 따라 걸었다. 방향 빼고는 제 멋대로인 오토바이들의 행진. 생각이 많아졌지만 그렇다고 평생 건널목을 건너지 않을 수는 없었다. 그나마 오토바이가 적어졌을 때 길 건너기를 시도했다. 하지만 마음 편히 건널 정도로 수가 줄어들지는 않았다. 부릉부릉 부르릉. 사람이 길에서 머뭇거리고 있으면 잠깐 멈출 법도 한데, 성난 들소 같은 오토바이들에 그런 여유란 없었다.

천천히 거리를 계산하며 신중하게 길 건너기를 몇 번 하다 보니, 슬슬 짜증이 났다. 덥고 끈적한 하노이의 공기와 무거운 배낭 무게에 인내를 잃은 건지, 길을 건널 때마다 머릿속에서 계산해야 하는 것이 성가시기 시작했다. 어차피 저들도 무질서하게 달리는 것 같은데, 내가 질서를 예측하려고 하는 게 무슨 의미가 있을까 싶었다. 무엇보다 빨리 에어컨이 있는 숙소로 가고 싶었다. 성미가 급한 나는 그때부터 '설마 치기야 하겠어?'라는 마음으로 과감하게 도로에 다리 한쪽을 먼저 쑥 하고 집어넣었다.

당장 치일 것 같지만 않으면 바로 곧장 반대편 다리를 내디뎠다. 그러자 오토바이는 알아서 속도를 줄이며 나를 피해 지나갔다. 오호, 신기했다. 결국 한 걸음. 한 걸음이 중요했다. 보통 위대한 한 걸음은 용기로부터 나온다고들 하지만, 나의 한 걸음은 성급한 짜증에서 나왔다. 때때로 성급함은 고쳐 다뤄야 하는 것으로 여겨진다. 하지만 생각조차 낭비인 매우 현실적인 상황에서는, 그것이 겁을 벗겨 내는 동력이 될 수도 있었다. 세상에 나쁜 성미는 없다.

짜증이 만들어준 한 걸음. 그 한 걸음으로 모세처럼 오토바이 길을 열어젖히며 대망의 첫 숙소에 입성했다. 아늑하고 깔끔한 숙소에 무거운 짐을 내려놓고 한숨을 돌렸다. 쾌적한 내부 공기를 맞으니 모든 예민함이 가라앉았다. 간단하게 쉬고 바로 저녁을 먹으러 나갔다. 여전히 오토바이들이 도로에 득실거렸다. 그래도 날씨가 낮과 비교하면 나름 선선해졌고 어깨 위에 짐조차 없으니 마음이 참 여유로워졌다.

그제야 오토바이를 탄 사람들의 표정이 보이기 시작했다. 하긴, 오토바이는 스스로 움직이는 기계나 괴물

이런 게 아니었다. 시장에서 채소를 사 손잡이에 걸고 여유롭게 퇴근을 하는 사람들, 잠시 오토바이를 멈춰 한 발로 지탱하고 시장 상인과 웃고 떠드는 사람들. 모습만 조금 달랐지 그들도 해가 지면 힘주고 있던 인상을 펴고 하루를 마감하는 똑같은 사람들이었다.

 겁을 냈던 것이 머쓱할 정도로, 오토바이를 탄 사람들의 모습이 꽤 친숙하게 느껴졌다. 내 마음이 열린 것일까. 한 걸음 덕분에 수백 번의 생각들이 쓱 하고 녹아버렸다. 그래도 차 조심, 아니 오토바이 조심은 필수였다.

● 에피소드 3

 베트남 하노이에서 슬리핑 버스를 타고 라오스로 넘어가는 날이었다. 풍소에도 종종 차멀미하는 나로서 하룻밤을 꼬박 버스에 누워가야 한다는 것은 꽤 큰 도전이었다. 그래도 효과 좋은 한국산 멀미약을 믿으며 걱정을 덜었다. 건형이와 숙소 근처 슈퍼에서 초코파이, 생수 등의 일용할 양식들을 사와 가방에 넣고, 세수와 양치를 했다. 이제 한동안 씻지 못할 것이라는 사실이 찜찜했지만 그래도 가야만 했다.

 친절한 숙소 직원의 인사를 받으며 픽업 장소로 나갔다. 그곳에는 버스를 기다리는 다른 여행객이 있었다. 그중 한 명과 인사를 나누게 되었는데 그는 독일에서 온 여행자였다. 그는 몇 달간 동남아를 여행하고 있었고, 이미 슬리핑 버스를 탄 경력도 있었다. 게다가 이번에는 밤새 버스를 탄 후에 다른 도시를 가기 위해 또 한 번 버스를 탄다고 했다. 밤샘 후 버스 환승이라니. 나로선 상상할 수가 없는 일이었다. 그때 마침 우리 앞에 작은 밴이 섰다.

 안내자는 서툰 영어로 이 밴을 타고 버스 터미널로 간다고 했다. 그런데 밴은 이미 만석이었다. 차 내에 있는 다른 외국 여행자들과 껌뻑껌뻑 눈만 마주쳤다. 그러자 안내자는 어떻게 해서든 자리를 만들어 우리를 구겨 넣었다. 많이 불편했다. 이렇게 우리를 구겨 넣은 건 버스 터미널이 그리 멀지 않은 곳에 있기 때문일 거라 믿으며, 참아보기로 했다.

 3시간 같은 30분을 달려 버스 터미널에 도착했다. 치약을 짜듯 밀려 나와서 배낭을 챙겨 메고 고개를 드니 수많은 사람이 터미널에 있었다. 다른 여행자들의 말을 주워들으니, 오늘이 국경일 주말이라 현지인들 또한 버스 이용을 많이 할 거라고 했다. 안내자로부터 받은 50만 동(한화 약 25,000원)짜리 티켓을 들고 다른 여행자 그룹과 함께 주차장으로 향했다.

 꽤 번지르르한 버스 앞에 멈췄다. 그곳에는 빈자리가 두 개밖에 없어 앞에 있는 사람들에게 자리를 내줄 수밖에 없었다. 우리는 안내자를 따라 다른 버스들을 찾아다녔다. 버스 티켓에 내가 탈 버스와 자리가 이미 정해져 있을 거로 생각했는데 이곳은 개념이 조금 달랐다. 이는 마치 버스를 탈 수 있는 권리만 얻은 채 버스의 종류와 자리는 운에 맡기는 복불복 게임 같았다. 이곳 저곳 돌아다니며 자리가 날 때마다 팔려 가듯 한 명씩 버스에 탔다.

 다행히 다음 버스에 자리가 있었다. 나와 건형이, 아까 함께 밴을 기다렸던 독일 여행자와 또 다른 유럽계 여행자 두 명, 이렇게 총 다섯 명의 외국인이 맨 뒷자리를 차지했다. 미리 준 비닐봉지에 신발을 담고 버스에 올랐다. 수많은 현지인이 편하게 자리에 누워 출발만을 기다리고 있었다. 나는 비교적 안정감이 있는 창가 자리를 선택했다. 같은 목적지를 그리며 각자의 담요를 덮고 있는 탑승자들의 모습을 보니, 같은 배를 탔다는 아늑함이 들기도 했다. 물론 창문에는 돌인지 총알인지에 맞아 깨진 자국이 있었지만, 커튼으로 덮어 안 보이게만 하면 그만이었다.

잠만 푹 들면 금세 국경에 다다를 것으로 생각하며 눈을 감았다. 그런데 나의 기대는 생각보다 일찍 깨졌다. 갑자기 버스가 멈추었다. 시간을 보니 아직 출발한 지 1시간도 안 되었다. 또 누가 타는 건가 했지만, 버스는 이미 만석. 갑자기 밖에서 정체 모를 일꾼들이 알 수 없는 짐들을 통로에 싣기 시작했다. 그들은 짐으로 통로를 꽉 채웠고, 급기야는 유럽계 여행객 두 명의 좌석을 조금 접어 그 뒤에도 짐을 실었다. 그들은 "It's not flat!"이라고 외치며 강력하게 항의했지만, 일꾼들은 영어를 모르는지 그저 본인의 일에만 집중했다.

결국 그들은 우리의 좌석도 접어 짐을 싣기 시작했다. 아무리 영어로 떠들어도 그들은 듣지 않았다. 결국, 우리는 앉은 것도 누운 것도 아닌 어정쩡한 자세로 남은 여정을 가게 되었다. 다행히 영어를 할 줄 아는 젊은 베트남인 커플이 말하기로는 자리가 나면 그때 자리를 바꿔주겠다고 했다는 것이다. 바깥은 칠흑 같은 어둠이었고 억울함을 들어줄 사람도 없었다. 황당하지만 우선은 그들의 말을 믿고 조금은 불편하게 여정을 진행해보기로 했다.

3시간쯤이 지나 휴게소에 잠시 들렀다. 중간에 먼저 자리를 바꾸게 된 독일 여행자는 우리에게 앞에 자리가 몇 개 난 것 같다고 귀띔해주었다. 우리는 자리가 나도 말해주지 않은 그 일꾼들을 욕하며, 임의대로 짐들을 뒤에 몰아넣고 우리의 새 자리를 확보했다. 또한, 다른 외국인 여행자들의 자리 또한 평평하게 만들어 주었다. 도착 전까지 절대 일어나지 않겠다는 생각으로, 몸을 창가로 돌려 잠을 청했다. 하지만 잠을 자는 동안에도 뒤에서는 무슨 일인지 "Oh, Fxxking my face!"라고 하며 불만을 토로하는 여행자들의 소리가 종종 들려왔다.

울퉁불퉁 산길을 오르던 버스가 고요해졌다. 하노이발 비엔티안행 버스는 거의 12시간을 달려 국경에 도착했다. 여행 12일 동안 가장 정신없는 아침이었다. 버스에서 나와 찬 공기를 마시며 오랫동안 웅크리고 있던 몸을 활짝 폈다. 우두둑우두둑. 관절들이 합창했다. 나 여기 아직 살아 있다고, 다들 괜찮냐는 듯이 말이다.

 30분이 지나니, 출입국 게이트가 열렸다. 외국인 여행자 그룹은 여권을 가지고 심사대로 걸어갔다. 수많은 차가 피난이라도 가듯 길게 늘어서 있었다. 그 차들을 따라가니 심사대가 보였고 그 앞에는 수많은 사람이 몰려 있었다. 우리도 재빨리 그곳으로 가 줄을 섰다. 사실 줄이라기보다는 창구를 중심으로 사람들이 사방에서 모여드는 형태였다. 그래도 여행자 그룹은 나름의 줄을 만들어 창구로 조금씩 조금씩 나아갔다. 그런데 많은 사람이 돈이 끼워진 여권 뭉치를 들고 새치기를 해댔다. 모든 현지인이 그런 방식으로 출국 심사를 받는지는 모르겠지만, 내가 본 모습에서만큼은 한 명이 여권을 걷어 여러 명의 심사를 받는 듯했다. 면대 면이 아닌 심사라니, 놀라웠다.

 하지만 마냥 놀라고 있을 수 없었다. 새치기하는 사람들을 막지 않으면 저녁이 되어도 심사를 받지 못할 판이었다. 우리는 뒤에서 달려드는 현지인들을 육탄 방어하며 조금씩, 조금씩 앞으로 나아갔다. 심사받는 게 이렇게 어려울 일인지 그때 처음 알았다. 겨우 우리의 차례가 되었고, 팁과 함께 심사관에게 여권을 전달했다. 다행히 미리 블로그를 보고 준비한 덕에 여권을 무사히 받아내었다.

출국 도장을 받기 위해 실랑이를 펼치고 나니 어느덧 해가 꽤 높이 떴다. 충분히 달궈진 마른 흙길을 두 발로 걸었다. 두 발로 처음 넘어보는 국경. 얼굴에는 기름기가 가득하고 머리는 떡이 져 있었지만, 걷는 순간만큼은 강렬한 일렉트릭 기타 사운드를 배경음악으로 깔고 싶었다. 심사대에 다다르니 라오스 국기가 보였고 그 아래 또 수많은 사람이 창구에 반원 모양으로 모여있었다. '2차 전쟁이 시작이 시작되는구나.'

 팔을 걷어 올리며 전쟁터에 들어갔다. 새치기범들이 새치기를 하기 전에 내가 먼저 어깨를 들이밀었다. 그래도 한번 경험해봤다고 베트남에서보다는 조금 더 빠르게 입국 도장을 받아내었다. 너덜너덜해진 몸을 이끌고 나와 여권을 다시 펼쳐 보았다. 현지인들의 치열한 틈바구니에서 당당하게 이 나라를 경험할 수 있는 인증마크, 라오스 도장이 찍혀 있었다. 옷에선 누구의 것일지 모를 땀 냄새가 섞여 났지만, 이제 그런 건 중요하지 않았다. 앞으로 버스에 편히 누워 갈 수 있는 것만으로 감사했다. 더는 이상한 짐을 싣는 사람도, 나를 밀치는 사람도 없었다. 출발 전에 떠올렸던 슬리핑 버스의 모습을 국경을 넘어서야 겨우 만날 수 있었다.

 멀미 따위가 가장 큰 위기일 것으로 생각했던 자신이 우스웠다. 걱정도 하나의 계획에 불과한 걸까? 현실은 보란 듯이 내 계획을 부수며 멀미 따위를 할 여유조차 주지 않았다. 어차피 이렇게 한, 두 대 맞을 거라면 너무 구체적으로 미래를 그릴 필요는 없을 듯 싶었다. 구름이 몽글몽글 하늘에 떠 있었다. 지친 몸을 뉜 채 새 여행지에 대해 막연한 기대를 하며 미소 지었다.

p.s 많은 블로그 글에 베트남 발 라오스 행 슬리핑 버스의 악명이 적혀 있었다. 특히 팁을 주지 않으면 여권을 돌려주지 않는다는 이야기가 가장 많았다. 루머든 아니든 여권은 꼭 돌려받고 싶어 각각 캡을 1달러씩 준비했었고 다행히 여권을 돌려받을 수 있었다. 그런데 그 팁의 정체가 사기인지 아니면 무슨 규정이 있던 건지는 몰라 그 부분은 크게 언급하지 않았다.

● **에피소드 4**

 너른 바다 앞 파라솔 아래 몸을 뉜 채 시원한 콜라나 맥주 한 잔을 마시는 것. 여행을 준비하면서 가장 기대했던 장면이었다. 그리고 태국 파타야는 그런 작은 기대를 실현해줄 첫 바다 마을일 거로 생각했다. 천혜의 자연이 나를 안아주는 그런 천국 같은 곳 말이다. 하지만 직접 마주한 파타야는 마치 꿈을 깨라는 듯, 화려한 네온사인을 깜빡거리며 우리를 맞이했다. 그중에서도 대표적인 관광명소인 워킹 스트리트는 음기 가득한 환락의 거리 그 자체다. 그곳에 사는 사람이 들으면 섭섭하게 들을 수도 있겠지만, 적어도 나의 첫인상은 그랬다.

 그래도 오긴 왔으니 이곳을 경험해봐야겠다는 생각에, 워킹 스트리트로 걸어 들어갔다. 정신없이 반짝이는 간판들 아래, 간판만큼 화려한 의상을 입은 레이디 그리고 레이디보이들이 길거리에서 호객했다. 펍이나 길거리 구석구석에는 젊은 여성들과 대화를 나누고 있는 서양 노인들의 모습도 보였다. 이상해 보였지만 어찌 되었건 신세계임은 틀림없었다. 당황스러운 마음을 진정하느 그나마 분위기가 밝은 록 카페로 들어가 태국 Chang 맥주 한 병을 시켰다. 시원한 보컬의 목소리가 나의 머리를 싹 비워주었다.

주변을 둘러보니 모임을 하는 가족들, 자기들끼리 시시덕거리며 길을 걷는 청년들의 모습이 보였다. 환락 그 자체였던 곳에서도 내게 익숙한 면들을 볼 수 있었다. 새삼 세계여행을 하고 있다는 것이 느껴졌다. 현지 앞에서 기대는 보란 듯이 뒤집혔고, 또 뒤집혔다.

 파타야에서 이틀째 되는 날이었다. 전날의 폭우를 잊은 듯 화창해진 날씨가 우리를 반겼다. 라오스에서 만난 동행들이 파타야 근처에 있는 꼬 란이라는 섬을 추천해주었다. 저기가 바로 천혜의 자연이 있는 곳인가! 물을 것도 없이 바로 꼬 란을 가기로 했다. 태국의 로컬 버스인 썽태우를 타고 파타야 해변을 따라 워킹 스트리트로 갔다. 선착장을 가기 위해서는 워킹 스트리트를 꼭 지나가야 했다. 낮의 워킹 스트리트는 투명한 햇살 아래 더욱 황량하게 그 민낯을 드러내고 있었다. 그토록 화려했던 네온사인들은 마치 더는 작동하지 않을 것처럼 싸늘하게 식어 있었다.

 선착장에 도착하니 꽤 많은 사람이 있었다. 줄을 기다려 30밧짜리 꼬 란행 티켓을 끊었다. 역동적인 모양의 구름이 수평선에 걸려 있었고 형형색색의 보트들이 두둥실 거리며 구름을 받쳤다. PATTAYA. 멀리 보이는 주황색 파타야 간판을 배경으로 사진을 찍고 배에 탑승했다. 뱃멀미 걱정을 달래기 위해 이어폰을 귀에 꽂았다. 선곡은 Coldplay의 A head full of dreams.

Coldplay의 내한 공연을 보고 바로 여행을 시작해서 그런지 나의 모험 배경음악은 대부분이 그들의 노래였다. Oh~ I think I landed in a world I hadn't seen~ 이렇게 시작되는 노래를 들으며 멀리 누운 지평선을 보았다. 알록달록 작은 집들과 그 집들을 껴안고 있는 아늑한 섬이 보였다. 걱정이 설렘으로 바뀌는 순간이었다. 40여 분에 걸쳐 꼬 란에 도착했다.

 출발을 기다려야 하는 툭툭카 대신 조금 더 돈을 써 오토바이 택시를 타기로 했다. 여러 개의 해변 중 가장 널찍한 사메해변으로 가기로 했다. 드디어 천혜의 자연을 품은 상상 속의 바닷가에 갈 수 있었다. 십여 분 후 오토바이에서 내려 바닷가로 곧장 달려갔다. 탁 트인 하늘과 드넓은 해변이 온몸을 파랗게 껴안았다. 상상했던 파타야를 3일 만에 만나는 순간이었다. 시간이 아깝거나 하지는 않았다. 원하는 것을 향해 가더라도, 그 안에는 항상 생각지도 못했던 변수들이 있게 마련이었다.

 꼬 란을 다녀온 후 파타야 일정을 3일 더 늘렸다. 매일 꼬 란에 가고 싶어, 숙소 또한 선착장에 더 가까운 곳으로 바꿨다. 그런데 알고 보니 숙소 근처에는 레이디 보이들이 호객하는 마사지샵들이 즐비해 있었다. 숙소를 나설 때면 그들이 매일 알쏭달쏭한 목소리로 "오빠~"하며 하루를 열어주었다. 하지만 해변은 꼭 가야 했기에 그들의 목소리를 애써 외면하며 3일 내내 꼬 란에 출석 도장을 찍었다. 매번 다른 해변으로 가 선베드에 널브러져, 자유로이 돌아다니는 개들을 구경하기도, 시집을 읽으며 석양을 바라보기도 했다.

여행 한 달 차. 조금씩 여행의 요령이 생기기 시작했다. 어차피 많은 것이 내 기대대로 되지 않는다. 그렇기에 기대를 해도 그만 안 해도 그만이었다. 물론 기대대로 되지 않는다고 굳이 기대를 안 할 필요는 또 없었다. 그러면 재미가 없으니까! 섬의 맛에 푹 빠져 더 크고 깊은 섬에 들어가기로 했다. 파타야에서의 마지막 날 역시나 숙소 앞에는 매일 보던 레이디 보이들이 있었고 그들의 오빠 소리에 처음으로 여유 있게 답변을 해보았다.

"Good Bye, guys!"

p.s 처음에는 TV에서나 보던 레이디 보이들의 살가운 인사에 당황했다. 그런데 하루, 이틀이 지나고 꾸준히 그 자리에서 밝게 인사를 하는 그들을 흘긋흘긋 보며, 그들도 모종의 일이란 걸 하고 있다는 것이 느껴졌다. 분명 그들은 내게 외형적으로 낯선 존재였다. 하지만 그들의 미소와 인사 그리고 직업의식 따위에서, 결국엔 똑같은 인간이라는 것을 느꼈다. 그렇다면 나도 인사 정도는 할 수 있지 않을까 하는 생각이 들었고 작별을 빌미 삼아 작은 마음을 열어보았다. 이는 단지 '차별을 하면 안 된다.' 따위의 명제를 머리로만 이해하는 것과는 조금은 다른 차원의 깨달음이었다.
'세상에! 저런 세상'도 결국, 같은 하늘 아래 있다.

● 에피소드 5

 여권 하나만으로 수많은 나라를 자유롭게 돌아다닐 수 있는 것에 대해 그리 큰 감사를 느끼지는 않았다. 약간의 돈과 건강한 신체, 그리고 시간만 있으면 누구나 할 수 있는 일이라 여겼기 때문이다. 하지만 한 한국인 아저씨와의 대화를 통해, 그 조건들이 저 멀리 사는 누군가에게는 그저 기적일 수도 있겠다는 생각이 들었다.

 런던 게스트하우스 볼룬티어 일한 지 한 달 차가 되는 때였다. 손님으로 중년의 아버지와 20대 두 아들이 왔다. 큰아들은 갓 군대를 전역했고, 작은아들은 입대를 앞두었다고 했다. 부산에서 왔다는 그들은 사투리 섞인 말투로 게스트하우스 분위기를 언제나 밝게 해주었다. 하루는 라운지에서 저녁 식사를 하고 있는데, 야경 구경 전에 들어온 아버지분이 관광 정보를 물을 겸 테이블에 앉았다. 얘기를 나누던 도중 그는 예전부터 자식들과 유럽 배낭여행을 하는 것이 꿈이었다고 대뜸 말했다. 어쩐지 언제나 싱글벙글하신 이유가 있었다.

 그가 이러한 꿈을 가지게 된 계기를 설명하자면 30년 전으로 거슬러 올라가야 한다. 그는 30년 전 처음으로 유럽 땅을 밟았다고 했다. 개인 여행자의 신분이 아닌 해양 선원의 신분으로 말이다. 그 당시 한국은 여행 자유국이 아니어서 개인 여행을 가기 위해서는 국가 기관의 심사가 필요하다고 했다. 그런 그에게 유럽이라는 대륙은 상상 이상의 신세계였을 것이다. 하지만 그가 유럽에 와서 더욱 놀랐던 것은 수많은 일본 젊은이들이 이 먼 곳으로 여행을 와 청춘을 즐기고 있었다는 것이다. 청춘을 즐기는 것에 꼭 장소가 중요하지는 않지만, 그의 눈에는 이웃 나라의 젊은이들이 먼 이국에서 견문을 넓히는 모습이 상당히 충격적이었다.

첫 유럽 방문을 마치고 돌아오는 길에, 그는 먼 훗날 자식이 생긴다면 첫 유럽 배낭여행을 함께 하기로 마음먹었다고 한다. 그렇게 30년이 지나고, 영국 런던에서 그 꿈의 첫걸음을 내딛기 시작한 그의 눈은 초롱초롱 빛났다. 그러다 문득 이야기가 너무 진지해졌다고 느꼈는지 그는 미소를 환히 지으며 물론 아들들은 나랑 오기 싫었을 수도 있다고 했다. 하지만 돈 다 내주는데 안 올 수는 없지 않겠느냐며 허허 웃었다.

생각해보니 세계여행을 하는 사람들 대부분이 한국 아니면 북미, 유럽, 일본 사람이었다. 물론 모든 사람이 꼭 세계여행을 해야 하는 것은 아니다. 다만 출생이나 환경에 따라 사람마다 가지는 기회가 달라진다. 동정심을 가져야 한다거나 신세 한탄을 할 수밖에 없다는 말을 하려는 건 아니다. 나 또한 어떤 세계에서는 기회를 박탈당한 자일 수 있고 또 세계여행과 같은 혜택을 받은 특권자일 수도 있다. 다만 이를 통해 내가 당연히 여겼던 기회를 더욱 소중하게 인지할 필요는 있다.

 내가 사는 나라는 30년 만에 여행을 자유롭게 할 수 있는 나라가 되었다. 처음 세계여행을 하겠다고 부모님께 말씀을 드렸을 때, 부모님께서 큰 반대를 하지 않은 이유도 여기에 있지 않을까. 당신의 젊은 시절에는 누리기 어려웠던 지금의 기회들을 당신 자녀는 꼭 누리길 바라는 마음에서 말이다. 나에겐 당연한 지금의 환경이 어쩌면 부모님에게는 기적 같은 것일지 모르니까. 그런 의미에서 부산 아저씨의 말씀은 우연히 들은 것치고는 굉장히 귀중한 것이었다.

 물론 그렇다고 해서 지금 내가 가진 기회에 대해 마냥 진지해질 필요는 없었다. 때로는 그 책임의 무게 때문에 가볍게 즐겨야 할 것들을 온전히 즐기지 못할 수도 있기 때문이다. 청년이 벌써 중년으로, 노인으로 살 필요는 없다. 하지만 내 발아래 거인에 대해서 한 걸음 정도 가까이 해보는 것은 온전한 나를 바라보는 좋은 통찰법이 될 것이다. 고꾸라지거나 비상하는 날이 오더라도 나만 생각하는 일은 없을 테니까. 더도 말고 덜도 말고 한 걸음, 딱 한 걸음 치만 생각하자.

p.s 이 글을 쓸 때까지만 해도 해외여행을 하는 것이 이 정도로 기적적인 일일지 몰랐다. 2020년 대부분의 비행길이 막혔고 흔하디흔했던 여행 이야기들이 자취를 감추었다. 지금 또 어떤 우연 아래서 살고 있는지 되돌아봐야겠다.

● 에피소드 6

 건형이는 나와 여행을 함께 시작한 친구다. 우리는 고등학생 때 처음 만났는데 그는 입학 첫날부터 시끄러웠다. 과장을 보태면 이렇게 말이 가벼운 사람이 있을까 하는 생각이 들 정도였다. 물론 그 덕분에 낯을 가리는 성격임에도, 그와 쉽게 친해질 수 있었다.

 그 당시 그가 얼마나 말을 가볍게 했는지 얘기해보겠다. 그는 항상 주말에 가장 먼저 독서실에 갈 것처럼 얘기했다. 처음에는 진짜 마음을 제대로 먹었구나 싶었지만, 언제나 그는 오후 늦은 시간이 될 때까지 연락이 두절되고는 했다. 또 우리는 재수 학원도 함께 다녔다. 자투리 시간까지 공부하기 위해, 매일 일정량의 영어 단어를 외워서 귀가 시간에 서로 확인을 하기로 했다. 그는 항상 무조건 다 외울 것이라며 으름장을 놓아대었지만, 언제나 당당하게 단어를 외워오지 않았다.

 이렇게만 보면 서로 여행을 함께하는 것이 과연 맞을지 깊은 의심이 들 수 있다. 실제로 그의 말뿐인 성격을 한때는 이해하지 못했다. 그럼에도 그는 자신의 모습을 돌아보고 고민하는 친구였다. 물론 그 고민에 대한 변화가 단번에 극적으로 나타난 적은 없지간, 적어도 앞으로 꾸역꾸역 나아 가는 것은 느껴졌다. 누구나 그렇듯 관성에서 벗어난다는 것은 굉장히 어려운 일이다. 그런 의미에서 자기 인지를 하고 변하려는 것 자체로 이미 대단한 일이었다.

 여행 출발 석 달 전, 약속에 나갔다가 시간이 늦어 태릉입구역 근처에 있는 건형이의 자취방에서 자게 되었다. 그는 당시, 또 다른 친구 민오와 함께 살았다. 우리는 5평 남짓한 작은 방에서 맥주를 한 잔 마시고 누워 이런저런 이야기를 나눴다. 그러던 중 나는 그동안 마음에 품고 있던 여행에 대한 계획을 그들에게 얘기했다. 그러자 건형이는 평소와는 다른 집중력으로 내 이야기를 곰곰이 들었다. 그러고서는 엄청나게 재미있겠다며 여행에 함께하고 싶다고 했다. 그 또한 진로를 두고 갈팡질팡 고민하고 있던 차였다.

 친구와 함께하는 여행. 분명 즐거운 일이지만 그렇다고 단번에 승낙할 수는 없었다. 이번 여행은 단순히 며칠을 놀러 가는 게 아니라 1년간 하나의 생활을 하러 가는 것이었다. 또한, 이번 여행을 통해 기존 사회적 관계와 일시적인 차단을 꿈꿔보는 나로서 친구와 함께하는 것은 그 차단을 어렵게 만들 수 있었다. 하지만 당시 진짜 여행을 해낼 수 있을까 하는 막연한 두려움도 있었다. 그런 의미에서 친구와 함께 준비하는 것은 두려움을 나누고 조금은 더 용감해질 수 있는 좋은 계기기도 했다. 그래서 그에게 내 여행의 뜻을 솔직하게 전하고 언제든 의견이나 계획이 서로 달라지면 쿨하게 각자 여행을 하자고 했다.

 우리는 서로 함께하는 것이 여행의 우선순위가 아니었다. 그는 답답하고 지루한 연구실에서 벗어나 '재미'라는 것을 느끼고 싶어했고, 나는 그저 '나'를 온전히 느끼고 싶어했다. 그렇게 우리는 서로 조금 다른 꿈을 가진 채 한배에 올랐다.

 많은 이들이 친구와 함께 여행하면 서로 안 싸우느냐고 물어본다. 우리도 혹시나 서로 너무 안 맞을까 봐 출국 전 내일로 여행도 함께 다녀와 봤다. 그런데 싸우기에는 이미 서로의 성격을 잘 이해하고 있었다. 웬만하면 한 명이 무언가에 기분이 상하기 전에 사전 대처를 할 수 있었다. 또한, 서로의 텐션을 알고 있기에 갑자기 다운된다고 해서 당황하지 않았다.

 물론 언제나 잘 맞았던 것도 아니다. 건형이는 언제나 건형이다웠다. 어디서든 사람들의 관심이 필요한 사람. 그것이 내가 여행에서 느낀 그의 모습이었다. 나는 여행지에 온전히 집중하고 싶을 때가 많아 심 카드를 자주 사지 않았다. 하지만 건형이에게 심 카드가 없는 것은 지옥과도 같았다. 그는 항상 심 카드를 샀고 이곳저곳을 다니면서 온라인 속 지인들과 소통했다. 예를 들어, 분위기 좋은 야외 테라스에서 맥주를 한 잔 마실 때면 그는 인스타그램 라이브를 켜서 지인들에게 상황을 공유했다. 물론 시청자는 2, 3명에 불과했지만 굴하지 않았다. 가끔은 좀 심하다는 생각도 들었지만, 그것이 그의 행복을 추구하는 방식이기에 나도 그저 나만의 행복을 즐기면 그만이었다.

또 나와 다른 그의 모습을 매일 관찰하는 것도 나름 쏠쏠한 재미가 있었다. 여행 초반에 일기식으로 블로그를 썼는데, 그때 자주 건형이에 대한 감상을 담곤 했다. 소재 대부분은 그의 연약함에 대한 것이었다. 하지만 이를 대놓고 드러낸다면 그의 기분이 상할 것이 명백했다. 그러므로 그를 묘사할 때면 이름 뒤에 '행님'이라는 존칭을 붙여 교묘한 눈가림을 했다. 지금도 같은 이유로 저 단어를 쓴다. 일례로 건형이행님은 매일 몸 상태가 안 좋았고 그럴 때마다 으슬으슬하다며 자신의 상황을 내게 알렸다. 가령 잠자리에 미세한 온도, 습도 변화가 생기면 잠을 잘못 자서 으슬으슬하다고 말하는 식이었다. 분명 4월, 5월의 동남아시아였음에도 말이다.

또 그는 이어폰을 오른쪽 주머니에 넣어놓고 균형이 안 맞아 허리가 아프다는 따위의 말들을 매일 같이 뱉어냈다. 나중에는 과연 어디가 아플지 궁금해질 지경이었다. 하지만 그가 아픈 기색을 보인 이후에 그것이 실제로 엄청 심각해진 적은 거의 없었다. 어쩌면 그는 그가 느끼는 모든 자극을 넋두리처럼 뱉었던 것이 아닐까 싶다.

 우리는 장장 4개월간 함께 여행했다. 물론 그중 두 달은 런던에서 게스트하우스 볼룬티어를 하느라 매일 관광을 했던 것은 아니지만 말이다. 건형이는 런던에 더 남아 생활을 하고 싶어했고, 나는 떠나고 싶었다. 서로의 생각이 달라지는 시점이었다. 어차피 한국 가면 다시 볼 사이라 그렇게 아쉽지는 않았지만, '으슬으슬'로부터의 해방은 나름의 아쉬움을 주기도 했다. 물론 내가 떠나도 그는 계속해서 으슬으슬 할 것이었다. 왜냐하면, 건형이 행님은 강한 행님이기 때문이다.

_{p.s 이 글을 처음 쓸 때만 해도 건형이에 대해 제법 안다고 생각했지만, 그 이후에도 알아야 할 것들은 많았다. 역시 열 길 물속은 알아도 한 길 사람 속은 알 수가 없다. 전한길 샘 화이팅!}

● 에피소드 7

 터키에 온 지 이틀째 되는 날, 거칠게만 보였던 이스탄불 술탄 아흐멧 거리가 조금씩 부드러워지기 시작했다. 처음 갈라타 다리를 건널 때는, 담배를 뻑뻑 피우며 낚시를 하는 사나운 아저씨들만 있을 것 같았다. 하지만 이곳에서도 아이들이 깔깔거리며 뛰놀고, 젊은 연인들이 서로의 손을 잡고 찬란한 햇빛을 만끽했다. 바다와 강이 만나는 이곳 이스탄불의 공기가 나의 어깨를 천천히 쓰다듬었다.

 밤에는 대학 친구 콩완이가 한국에서 이곳으로 오기로 했다. 나는 혼자 저녁을 먹고 거리를 돌아다니다 그를 마중 나갈 계획이었다. 선선해진 저녁 공기를 느끼기 위해 야외 테이블이 있는 식당에 갔다. 터키어는 모르지만, 메뉴판 속 사진들을 보며 푸짐해 보이는 케밥 한 종류를 시켰다. 메뉴판을 제자리에 두고 고개를 드니 옆 테이블에 한 대머리 아저씨가 터키티 한 잔을 마시고 있었다. 터키 사람이라면 누구나 마시는, 아랫부분이 볼록한 튤립 모양 유리잔에 담긴 붉은 색의 터키티. 밥을 다 먹으면 나도 입가심으로 터키티 한잔을 해야겠다고 생각하는 찰나, 대머리 아저씨와 눈이 마주쳤다 그는 내게 "Where are you from?"이라고 물었다. 나는 한국에서 왔다고 했고 그는 반갑다며 이야기를 더 나눠도 되겠느냐고 했다. 이런 게 여행의 묘미 아닌가 싶은 생각으로 흔쾌히 승낙했다. 아저씨는 내 앞으로 자리를 옮겨 천천히 자신을 소개했다. 그는 이스탄불에서 두 시간가량 떨어진 도시에 사는 터키인이고, 출장차 이곳에 왔다고 했다. 그리고 자신의 할아버지가 한국 전쟁에 참전해 전사하였고, 조부를 기리기 위해 한국에 다녀온 적도 있다고 했다. 또 그는 아들 두 명이 있다며 그들의 사진을 보여주기도 했다.

이야기가 무르익을 동안 접시에 푸짐하게 담겨있던 케밥을 거의 다 비웠다. 아저씨는 자신의 티를 한 잔 시키는 김에 내 것도 시켜주었다. "테쉐큘레!" 터키어로 감사를 표했다. 그는 시간이 괜찮으면 자신이 아는 로컬 바에서 맥주 한 잔과 물담배를 하며 이야기를 더 나누자고 했다. 모르는 아저씨가 맛있는 걸 사준다고 그냥 따라가면 안 된다. 그것은 어렸을 적부터 수없이 교육받아온 진리와 같았다. 그런데 또 생각해보면, 여행 중에 아는 사람만 만날 수는 없었다. 그가 모르는 아저씨긴 하지만 그래도 우리는 4, 50분가량 꽤 많은 이야기를 나눴다. 의심이 없었던 것은 아니지만, 그간 나눈 대화를 한번 믿어보기로 했다.

잔을 비우고 자리에서 일어나니 화장실에 다녀온 아

저씨가 내 캅까지 계산했다면서 다음에 자신이 한국에 가면 그때 맛있는 한국 음식을 사달라고 했다. 고맙기는 했지만, 한편으로는 조금 찝찝하기도 했다. 우선은 다시 한번 "테쉭퀄레!"라고 하며 감사를 전했다. 그는 별거 아니라고 하며 로컬 바를 가기 위해 택시를 타자고 했다. 여기도 충분히 번화가인데 굳이 택시를 타야 하나 하는 생각이 들었다. 그러자 그는 내 생각을 읽은 듯, 그곳이 단골집이기도 하고 번화한 곳보다는 한적한 곳이 더 좋다고 했다. 조금은 불안했지만, 로컬 바가 궁금하기도 했다. 서울에서도 친구들과 술을 마실 때 강남보다는 동네 골목에서 마시는 게 더 오붓한 맛이 있는 것처럼. 아무쪼록 이 호기심이 몹쓸 것이 아니길 바라며 택시에 몸을 실었다.

아저씨가 터키어를 알려준다며 계속 떠들었지만, 어디로 가는지는 알아야 할 것 같아 대충 반응하며 주위를 살폈다. 그렇다고 여기가 어딘지 알 리가 없었다. 한 10분가량을 달려 시내 외곽에 있는 로컬바에 도착했다. 로컬 바는 한적한 골목에 있었다. 우선은 골목이 생각보다 밝았기에 안도를 하며 로컬 바로 들어갔다. 우리가 자리 잡은 곳은 2층 창가 쪽 테이블이었다. 안쪽 계단에서는 가장 멀지만, 바깥 풍경과는 가장 가까운 창가 자리에서 우리는 에페스 생맥주와 물담배 한 세트를 시켰다.

맥주를 홀짝홀짝 마시며 터키 이야기를 한창 하고 있을 때였다. 갑자기 테이블 옆으로 한 외국인 아주머니와 젊은 여자가 왔다. 그들은 우리에게 같이 앉아서 이야기를 나눠도 되겠느냐고 했다. 이게 무슨 상황인지 어리둥절하고 있을 때 아저씨는 자연스럽게 "Sure!"라고 했다. 생각지도 못한 그녀들의 등장에 머리가 복잡해지기 시작했다. 아주머니는 러시아에서 왔고, 젊은 여자는 우크라이나에서 왔다고 했다. 로컬 바인데 그들은 로컬 사람들이 아니었다. 젊은 여자는 안심하라는 듯 자신의 인스타그램을 보여주며 일상 이야기를 했다. 뭐랄까, 인스타그램을 공개한다는 것만으로 현대 지구촌 사회의 일원임을 비공식적으로나마 증명하는 것 같았다.

그때 종업원 한 명이 갑자기 테이블로 다가와 숙녀들을 위해 술 한 잔 대접하는 것이 어떠냐고 제안했다. 내 맥주 한 잔도 마시기 아까운 상황에 갑자기 무슨 대접을 하라는 건지 이해가 안 돼 바로 거절을 하려던 순간이었다. 아저씨가 걱정하지 말라는 듯한 표정으로 고개를 끄덕이며 또 "Sure!" 하고 외쳤다. 아저씨가 러시아 아줌마에게 마음이 있는 건가 하는 생각으로, 당황스러운 마음을 가라앉혔다.

종업원은 캐리어를 끌고 와인을 가져와, 숙녀들의 잔을 채웠다. 그런데 여기서 정말 이상한 장면을 목격했다. 와인을 다 따른 종업원이 두 병의 와인을 테이블 위에 올려놓은 것이다. 심지어 새 병도 아닌 이미 반 정도 비어 있는 병이었다. 도무지 이해할 수가 없어서 종업원에게 이게 뭐냐고 물어봤다. 그러자 그는 나에게 "샤랍!"이라고 했다. 닥치라니, 믿을 수 없었다. 내가 얼굴을 붉히며 "What?"이라고 하니, 아저씨는 '샤랍'이 터키어로 와인이라고 했다. 그것이 정말인지 확인하고 싶어 휴대폰을 꺼내려고 했지만, 심 카드가 없다는 것을 깨달았다.

그런데 지금 그것이 중요한 것이 아니었다. 나는 술종류를 물은 게 아니고 왜 두 병을 올려놓았는지가 궁금했다. 하지만 샤랍의 혼돈 속에서 종업원은 재빨리 1층으로 내려가 버렸다. 정말 찝찝했다. 하지만 그들은 내 의심을 가라앉히려는 듯 계속해서 술을 권했다. 마치 한편이 된 것처럼 말이다. 그때 종업원이 다시 올라와 그녀들에게 와인을 따르고 두 병을 더 테이블 위에 올려놨다. 총 4병의 와인이 테이블에 올려져 있었다. 내가 아저씨를 쳐다보니 그는 그저 고개를 으쓱하며 물담배를 피웠다. 그제야 무조건 나가야 한다는 것을 깨달았다.

나는 친구가 올 때가 됐다며 자리를 일어서려 했다. 아저씨는 몇 번을 만류하다가 나의 의지가 확고한 것을 느꼈는지 종업원에게 계산서를 달라고 했다. 아저씨는 종업원이 가져온 계산서를 보고 자신이 반을 낼 테니 내가 반을 내라고 했다. 뒤통수를 강하게 때려 맞은 기분이 들었다. 계산서에는 1,000리라가 적혀있었다. 그 당시 한화로 32만 원 정도 되는 가격이었다. 지금까지의 모든 순간이 빨리 감기처럼 휙 하고 눈앞을 스쳐 갔다. 그가 먼저 500리라를 테이블 위에 올려 놨다. 할 말을 잃은 나는 그들의 얼굴을 쳐다보았다. 여자들은 창가로 고개를 돌렸고 아저씨는 허공을 바라보며 물담배만 뻐끔뻐끔 피웠다. 종업원은 나에게 무슨 문제가 있느냐고 물었다. 문제라... 갑자기 헛웃음이 나왔다.

내가 즐긴 것은 에페스 맥주 한 잔과 물담배 몇 모금이 전부라고 종업원에게 말했다. 하지만 종업원은 표정 하나 바꾸지 않고 내가 그녀들에게 와인을 사지 않았냐고 물었다. 아저씨가 낼 것이라고 여겼던 나만의 짐작이 물거품처럼 사라졌다. 다시 정신을 차리고, 왜 병을 네 병이나 두었느냐고도 물어봤다. 하지만 그는 그런 적이 없다고 했다. 갑자기 혼자가 된 기분에 맥없이 웃어버렸다. 그러자 종업원은 더욱 진지한 표정으로 "Are you kidding?"이라고 물었다. 순간 기분이 확 나빠졌다. 내가 해도 모자랄 말을 저렇게 뻔뻔스럽게 하는 것이 역겨웠다. 하지만 4명을 혼자 상대하기엔 역부족이었다. 솔직히 그의 진지한 표정에 약간의 겁을 먹기도 했다. 어떻게 해서든 상황을 빠져나가는 게 최우선이라고 생각해 지갑을 슬쩍 열어보았다. 지갑에는 250리라, 한화로는 약 8만 원 정도가 있었다.

 돈이 충분하지 않다고 말하자, 그는 정말 쉽게 "There is ATM, Go there."라고 했다. 죄책감은 하나도 없는 그의 표정과 말투에 내 속은 불길로 가득 찼다. 그의 명령 비슷한 발언은 나를 아예 다른 사람으로 바꿔놓았다. 나는 오기 가득한 말투로 "너희가 원하는 돈 다 줄게, 얼마 필요해? 말해봐!"라며 소리쳤다. 물론 그들이 원하는 돈을 다 줄 생각은 없었다. 다만 돈 몇 푼에 몇 사람이 달라붙어 거짓말을 하는 그들의 삶을 극대화해 역으로 양심을 건드려볼 생각이었다. 나의 급작스러운 반응에 그들은 그저 먼 곳만을 응시했다. 나의 분노로 상황이 역전되나 싶었다.

 그때, 갑자기 계단에서 쿵쿵쿵 하는 소리가 들려왔다. 덩치가 큰 사내 세 명이 종업원 뒤에 섰다. 확실히 상황은 역전되었다. 열탕에서 냉탕으로 순식간에 빠져드는 듯 온몸이 굳었다. 하지만 이미 내가 보여준 모습이 있기에 그대로 무서운 감정을 드러낼 순 없었다. 체면이라는 게 더 무서운 것이었다. 이미 기선 제압을 한 김에 종업원이 무슨 말을 하기 전에 선수를 치기로 했다. 나에게 제일 가까운 덩치 한 명에게 나를 ATM으로 안내하라고 하며, 돈 줄 테니까 기다리라고 으름장을 놓았다. 지금 생각해도 참 용감했다는 생각이 들지만, 한편으로는 화만 냈지 그들이 바라는 것을 다 해주겠다는 것이어서 그리 큰 용기는 아니었던 것 같다.

계단을 내려가면서 수많은 생각이 들었다. 이대로 도주해도 좋을지, 지금 나를 안내하는 이 사람이 달리기가 빠를지 따위의 것들 말이다. 그때였다. 뒤에서 누군가가 뛰어왔다. 종업원이었다. 그는 아까와 다른 온화한 표정을 지으며 "Hey, Brother, Why are you so angry?"라고 물었다. 브라더? 왜 그렇게 화가 났냐고? 터키가 형제의 나라긴 했지만 이런 형제는 필요 없었다. 나는 신경질적으로 "What?"이라고 대답했다. 그러자 그는 화를 풀라고 하며 현금이 얼마나 있는 거냐고 물었다. 협상하려는 것 같았다.

이곳을 탈출할 중요한 포인트라는 생각이 들었다. 나는 지갑을 확인하는 척하며 250리라뿐이라고 했다. 그는 다시 한번 화를 풀라고 하며 그것만 주고 가라고 했다. 어이가 없었지만, 우선은 이곳을 빠져나가는 게 우선이라는 생각이 들어 250리라를 건네주고, 뒤도 안 돌아보고 나와 택시를 탔다. 기사도 사기꾼이 아닌가 싶어 영어로 말을 건넸지만, 그는 그저 "술탄 아흐멧?" 하며 순박하게 웃었다. 차라리 영어를 못하는 사람이라는 게 더 안심되었다.

어두운 외곽을 빠져나와 멀리 도시의 밝은 불빛들이 보이기 시작했다. 다행히 택시는 올바르게 가고 있었다. 드넓은 금각만과 다리의 노란 조명들이 내 마음을 위로하듯 눈앞에 부서졌다. 조금 전의 분노는 서러움이 되었다. 나의 호기심이 몹쓸 것이 된 느낌이 들었다. 처음엔 돈을 잃은 것이 분했지만 시간이 지날수록 그 돈을 벌기 위해 자신의 양심을 파는 사람들을 접했다는 것에 대한 묘한 씁쓸함을 느꼈다. 이 또한 세상의 한 면을 경험한 것이라면 8만 원 정도는 그리 나쁜 비용은 아니라는 생각도 들었다.

 택시는 아까 내가 탔던 정류장에 무사히 섰다. 나는 잔돈을 모아 기사에게 주고 빠르게 택시에서 내렸다. 거리는 내가 무슨 일을 당했는지 전혀 알 바 없다는 듯 분주했다. 우선 호스텔로 빠르게 돌아가고 싶어 고개를 두리번거렸다.

 "Hey, How are you?" 누군가가 내게 말을 걸었다. 고개를 돌리니 한 젊은 남자가 다짜고짜 자신은 크로아티아에서 출장을 왔다며 시간 괜찮으면 로컬 바에서 같이 맥주 한잔을 하자고 했다. 출장, 로컬 바, 맥주 한 잔. 이미 나에겐 질리도록 뻔해져 버린 클리셰. 나는 어떤 감정의 동요도 없이 그를 응시하며 방금 500리라짜리 맥주를 한 잔 마시고 와서 배가 부르다고 했다. 그러자 그는 당황한 표정으로 "Cheer up."을 외치며 뒷걸음질쳤다. 왜 나를 격려했는지는 모르겠지만 아무래도 그 로컬 바의 맥주도 진짜 로컬 사람들이 먹는 싸구려 맥주는 아닌 것 같았다.

p.s 이 사기를 당한 걸 터키 현지 친구한테 얘기했다가 욕을 바가지로 먹었다. 그러면서 한 가지 위로한 건 8만 원 정도면 양호하다는 것이었다. 어떤 사람들은 완전히 취해서 몇백만 원도 그냥 털린다고 했다. 그리고 그렇게 사기를 치는 사람 대부분은 터키사람들이 아닌 외국인들이라고 했다. 흠.. 졌지만 잘 싸웠다. 아 참, 그리고 터키어로 와인은 정말 '샤랍(şarap)'이었다.

● 에피소드 8

 나는 망설임이 많은 편이었다. 좋게 말하면 무언가를 하기 전에 다양한 시각에서 생각을 많이 하는 편이라고 할 수도 있겠다. 하지만 이 신중함이 지나치면 때로는 작은 변화조차 가져오지 못한 채 무(無)의 상태가 되기도 한다.

 그래도 어렸을 때는 줄곧 크고 작은 시도를 해봤던 걸로 기억한다. 하지만 여행 전의 나는 무언가를 시도하기에 앞서 이것이 맞나 하는 걱정과 의심을 함께 품고 있었다. 맞는 삶, 올바른 삶에 대한 약간의 강박감이 있었던 것 같기도 하다. 여행 초반에도 마찬가지로 그리 큰 도전을 하지 않았다. 온건한 시도 정도로 만족했고 파격적인 선택으로 자신을 혼란스럽게 만들고 싶지 않았다. 적어도 아제르바이잔 바쿠에서 한 동행을 만나기 전까지는 말이다.

 아제르바이잔의 수도 바쿠에 도착한 날이었다. 3주 전까지만 해도 내가 이 도시에 올 줄은 꿈에도 몰랐다. 심지어 아제르바이잔이라는 나라에 대해서 잘 알지도 못했다. 그런데 이란에서 어학 공부를 하고 있던 아는 형이 아제르바이잔과 조지아 여행을 함께하자고 연락을 했다. 그의 이름은 동훈이었고, 중, 고, 대학교를 전부 같이 나온 1살 많은 형이었다. 그런데 아제르바이잔과 조지아는 나에게 너무나도 생소했다. 그래서였을까? 오히려 이번 기회가 아니면 평생 갈 일이 없겠다는 생각이 들었다. 그래서 바로 형의 제안을 수락했고, 며칠 후 이스탄불 발 바쿠 행 항공권을 끊었다.

생소한 나라인 만큼 아제르바이잔에 대한 이미지는 거의 없었다. 아랍 쪽 국가라고 하기에는 러시아랑 가깝고 그렇다고 또 유럽이라고 하기엔 이란의 영토가 눈에 밟히는, 그 정도 모호함을 가진 국가였다. 굳이 한 나라를 어느 그룹으로 구분할 필요는 없지만, 미지의 대상 앞에서 사람은 어쩔 수 없이 가진 배경을 토대로 나름의 판단을 하게 되나 보다. 하지만 내 짧은 배경지식으로 아제르바이잔을 친숙하게 만들기는 어려웠다. 그저 근처 나라에 사는 아는 형과 함께 다닐 수 있는 것으로 위안할 뿐이었다.

동훈 형과 나는 어렸을 적부터 엄청나게 막역한 사이는 아니었다. 하지만 의도치 않게 계속 동문이 되면서 자연스럽게 이야기를 할 기회가 늘었고, 그러면서 친해졌다. 그는 워낙 똑똑하고 당당한 사람이었기에 이번 여행도 큰 문제가 없을 것이라는 괜한 믿음이 들었다. 예약한 숙소에 먼저 도착한 나는 짐을 풀고 쉬면서 그가 오길 기다렸다. 해가 질 즈음, 누가 봐도 초췌한 모습으로 그가 숙소로 들어왔다. 그는 이란에서부터 장장 782km를 달려 이곳 바쿠로 왔다. 머리카락은 잔뜩 떡이 졌고, 양 볼은 수척했다. 알고 보니 버스 티켓이 매진되어 겨우 운전사를 조르고 졸라 출입구 계단에 앉아 17시간을 달려왔다고 했다. 계단에서 17시간이라니, 나로선 상상할 수 없는 일이었다. 그리고 이때까지만 해도 이 사건은 그저 형에게 어쩔 수 없이 일어난 해프닝이라고만 생각했다.

우리는 잠시 휴식을 하고 바쿠의 밤거리로 나왔다. 아제르바이잔의 수도인 바쿠는 상상 이상의 도시였다. 나라의 자세한 사정은 모르지만 도시 자체가 갓 새로 지은 테마파크 같았다. 벤치 디자인부터 가로등까지 모든 것이 알록달록 범상치 않았다. 하지만 그곳 사람들까지 전부 세련된 것은 아니었다. 오히려 새 도시와 대비되어 더 누추해 보이는 사람들이 많았다. 아직 사람들이 새로운 환경에 녹아들지 못한 느낌이라고 할까. 특히 골목마다 삼삼오오 모여 얘기를 나누는 아저씨들은 세련미를 떠나 거칠어 보이기 짝이 없었다. 편견일 수도 있겠지만, 항상 안전이 중요하기에 내 기준에 위험해 보이는 사람이 있다면 최대한 시선을 멀리 두며 피했다.

하지만 동훈 형은 조금 달랐다. 그는 여정 중 궁금한 정보가 생길 때면 주변에 있는 누구에게든 가서 질문했다. 특히나 험상궂어 보이는 아저씨들에게도 망설임 없이 다가가 길을 묻고는 했다. 되도록 순해 보이는 사람을 찾아 말을 걸던 나와는 굉장히 대비되는 모습이었다. 솔직히 처음에는 왜 굳이 저런 사람에게 말을 거는 건지 이해가 되지 않았다. 하지만 그의 온화한 직진에 많은 사람이 숨겨놓았던 미소를 보이며 길을 알려주고 심지어는 하이파이브까지 하기도 했다.

물론 형이 옆 나라 이란어를 할 줄 알아 언어 장벽이 상대적으로 낮기도 했다. 하지만 아제르바이잔어와 이란어가 같은 것은 아니었다. 그런데도 그는 주저 없이 말을 던지고 또 아는 단어들을 주워 가면서 대답을 얻어냈다. 덕분에 덜 헤매 여유로운 저녁 일정을 보냈다. 동행 첫날부터 나의 많은 편견이 무너져내렸다.

며칠 후 바쿠에서 미니밴을 타고 셰키라는 작은 마을로 이동하는 날이었다. 둘 다 심 카드가 없기에 숙소에서 예약한 에어비앤비의 위치를 미리 캡처한 후 벤을 타고 셰키로 출발했다. 차가 좁아 멀미가 났지만 형이 빌려준 MP3를 들으며 버텼다. 어느새 잠이 들었다가, 차가 꽤 오래 멈춰 있는 느낌이 들어 눈을 떴다. 이미 바깥은 칠흑 같은 밤이 되어 있었고 차 앞에는 큰 나무 몇 그루가 쓰러져 있었다. 주변 사람들의 말을 귀동냥해서 들어보니 조금 전 셰키에 폭풍우가 막 지나갔다고 했다. 폭풍우를 직접 맞지 않은 것은 다행이었지만 쓰러진 나무와 어지러워진 길을 피해 다니

느라 예상 도착 시각을 훌쩍 넘겨버렸다.

 저녁 시간을 훌쩍 넘긴 밤 미리 찍어둔 지도만을 가지고 숙소를 찾아 나섰다. 시골이라 그런지 가로등도 필요한 만큼만 켜져 있었고 사람도 잘 보이지 않았다. 게다가 숙소는 에어비앤비로 예약한 일반 가정집이었다. 인적이 드문 시골 마을에서 어두운 밤을 헤매는 자체로 진땀이 났다. 하지만 나름 길눈이 밝기에, 금방 집을 찾을 것이라 믿으며 성큼성큼 앞으로 나아갔다. 가끔 사람이 지나갔지만, 괜히 해코지를 당하기 싫어 형에게 금방 찾을 것 같다고 하며 따로 길을 묻지는 않았다.

 숙소 근처에 왔는데, 도저히 입구가 어디인지 보이지 않았다. 결국 형이 지나가는 사람을 찾아 지도를 보여주며 길을 묻기 시작했다. 간사하지만 나는 그를 보호막으로 삼고 그들의 대답에 귀를 기울였다. 결국 몇 명의 도움을 받고 나서야 집의 입구를 찾을 수 있었다. 입구는 골목 뒤쪽에 있었다. 불조차 켜지지 않은 깜깜한 골목에서 그 입구를 찾기란 현지인이 아니고서야 불가능한 일이었다. 아무리 정보가 많은 세상이라지만 때로는 혼자서 해내기 어려운 일들도 있었다.

 대문 안으로 들어서니 인기척을 들은 젊은 부부 호스트가 나와 우리를 맞이했다. 마당이 있는 소박한 시골

집이었다. 오랜 이동 끝에 잠시 내 방이 될 공간을 맞이하는 일은 언제나 참 반갑다. 게다가 집주인의 환대까지 있다면 길 위에서 받은 스트레스는 눈 녹듯 사라진다. 늦은 시간에 도착했음에도 불구하고 젊은 부부는 우리에게 오믈렛과 빵, 요거트, 호두 잼을 내주었다. 폭풍우로 도착이 지연되어 저녁을 제대로 먹지 못했기에 더욱더 감사한 대접이었다. 빵 위에 오믈렛 한 스푼, 요거트 한 스푼, 호두 잼을 올려 먹으니 감탄에 감탄이 이어졌다. 고생 끝에 온 선물 같은 식사였다. 아까는 보이지 않던 맑은 밤하늘이 보였다.

3일간의 세키에서의 평화로운 체류를 마치고 조지아의 수도 트빌리시로 가기 위한 준비를 마쳤다. 작열하는 태양 아래 배낭을 메고 낑낑대며 터미널로 가고 있는데 한 청년이 차를 세우고는 데려다 주겠다고 했다. 처음엔 경계했지만 날이 정말 더웠기에, 형을 믿고 '에라 모르겠다!' 하며 차에 탔다. 다행히도 무사히 터미널에 도착했다. 우리는 청년에게 감사의 인사를 건네고 바로 티켓 창구로 갔다. 엄청나게 이른 시간은 아니지만 그래도 점심 전 시간이기에 당연히 티켓이 있으리라 생각했다. 하지만 창구 직원은 트빌리시 행 버스는 아침 이르게만 있다고 했다. 당황스러웠다. 인생은 역시 제로섬이다. 좋은 일이 있으면 나쁜 일도 있다.

상황을 눈치챈 택시 기사가 우리 주위를 어슬렁거리며 트빌리시까지 택시로 가자고 말을 걸어댔다. 굳이 큰돈 주고 택시를 탈 바에 셰키에서 하룻밤 더 보내는 게 낫겠다고 생각했다. 그런데 형을 보니 다른 생각을 하는 것 같았다. 몰입해있는 그의 눈빛이 또렷하게 빛났다. 그는 다른 버스 일정들을 찬찬히 살펴보더니 트빌리시로 가는 방법을 찾아냈다. 그 방법은 아제르바이잔 국경인 발라칸까지 벤을 타고 가서 국경을 넘고 그 후에 히치하이킹을 하는 것이었다.

 말로만 듣던 히치하이킹. 여행 전 잉여들의 히치하이킹이라는 다큐멘터리 영화를 본 적이 있다. 청년 네 명이 히치하이킹으로 유럽 횡단을 하는 과정을 담은 영화였다. 처음 그 영화를 봤을 때는 가히 충격이었다. 저렇게도 여행을 할 수가 있다는 게 믿기지 않았다. 정해진 것들을 소비하는 것만이 여행이 아니라는 걸 제대로 깨닫게 해준 영화였다. 하지만 실제로 내가 여행을 하면서 히치하이킹을 할 상황은 그리 많지 않았다. 경계심이 많았기에, 낯선 사람에게 무언가 신세를 지는 것이 불편하고 두려웠다. 그래서 교통이나 숙박 등의 서비스를 이용할 때는 싸구려라도 구매를 하는 것이 마음이 편했다.

 물론 히치하이킹은 언젠가 한 번 쯤은 해보고 싶은 로망이기는 했다. 그런데 막상 그 로망을 이룰 수 있는 상황을 마주하게 되니 조금 당황스러웠다. 하지만 형의 의지는 이미 확실했고 나에게 망설일 여유는 없어 보였다. 결국 발라칸 행 티켓을 샀다. 짐을 트렁크에 싣고 자리 하나를 차지해 앉았다. 오래된 벤이라 좌석이 꽤 딱딱했다. 출발을 기다리고 앉아 있으니 하나, 둘 손님들이 타기 시작했다. 한 명의 서양인 여행객을 제외하면 다 현지인들처럼 보였다.

 벤은 만원이 된 채 출발했다. 그래도 편히 앉을 자리가 하나 있으니 최소한 발라칸까지는 안정적으로 갈 수 있을 것으로 생각했다. 하지만 이곳의 대중교통의 개념은 내가 알던 것과 달랐다. 목적지가 발라칸이라고 해서 그곳까지 멈춤 없이 가는 것이 아니었다. 길에서 누군가 손을 들어 휘휘 거리면 벤이 멈추어 그 사람을 태웠다. 자리가 만원이어도 그냥 태웠다. 내 앞에 사람들이 미어터져 잠을 잘 수가 없었다. 막막했다. 그리고 이게 이 여정의 시작에 불과하다는 것이 나를 더욱 숨 막히게 했다.

 내 눈에 동훈 형은 그저 즐거워 보였다. 발라칸에 내린 우리는 극경에 가기 위한 택시를 알아보았다. 그런데 웬걸, 이곳 사람들은 대부분 러시아어만 써서 대화를 전혀 할 수 없었다. 큰일이었다. 그때 형은 벤에서 몇 마디를 나눈 미국인 여행객 안드레와 함께 택시를 타는 것이 어떠냐고 했다. 마침 안드레는 러시아에서

2년간 살아 기본적인 러시아어를 할 수 있었다. 오마이갓! 천군만마를 얻은 기분이었다.

 발라칸 시장에서 일용한 양식을 사고 난 후 택시기사에게 가격을 흥정했다. 물론 그 몫은 미국인 친구 안드레였다. 마침 러시아어를 할 줄 아는 미국인이 옆에 있다니 다시 한번 생각해도 절묘했다. 택시를 타고 도착한 출입국 사무소는 생각보다 한적했다. 베트남 라오스 국경을 넘을 때에 비하면 그저 천국이었다. 우리는 여유롭게 아제르바이잔에서 조지아로 넘어왔다. 해가 슬슬 식어갈 무렵, 여정의 반을 온 것이다.

 이미 꽤 지친 나와 달리 동훈 형은 여전히 지쳐 보이지 않았다. 오히려 이 모험을 즐기고 있는 것처럼 보였다. 나와는 참 다른 사람 같다고 느꼈다. 그는 조지아에 넘어오자마자 히치하이킹을 위해 도롯가에서 지나가는 차들이 있는지 지켜봤다. 그러나 지나가는 차는 거의 없었고, 택시기사 한 명 만이 우리 주위를 얼쩡거리며 흥정을 하려고 했다. 차가 더 있을까 싶어 기다려보았지만 어떤 차도 지나가지 않았다. 결국 형은 택시 기사와 가격 협상을 벌이기 시작했다.

 그때였다. 국경 근처 식당에서 나온 한 사람이 길가에 세워둔 화물차에 오르려고 했다. 그러자 형은 먹이를 잡기 위해 내달리는 치타처럼 빠르게 화물차 주인에게 갔다. 진행하던 협상 테이블은 안중에 없었다. 그는 가진 언어를 총동원해 화물차 주인과 새로운 협상을 열고자 했다. 하지만 화물차 주인은 그의 부탁을 거절했고 그는 거쓱한 웃음을 지으며 택시기사에게로 돌아갔다. 목적을 이루기 위해 어떤 겁도 먹지 않고 직진하는 그의 모습에 제대로 놀란 순간이었다.

결국 각자 20라리(한화로 약 9000원)씩을 내고 택시를 탔다. 4시간 만에 도착한 조지아의 수도 트빌리시는 산과 산 사이에서 찬란한 야경의 불빛을 내뿜고 있었다. 도심 한가운데에 내린 우리는 앤드류와 작별 인사를 하고 숙소를 찾아갔다. 예약한 에어비엔비 숙소는 아파트먼트에 있는 방이었다. 이전에 보았던 숙소 사진을 보며 고생의 마침표를 미리 상상했다. 그러나 우리는 트빌리시가 수도, 즉 도시라는 것을 간과했다. 숙소의 위치만 캡쳐했는데 웬걸, 아파트먼트다 보니 몇 동, 몇 층인지도 미리 알아놨어야 했다.

마지막까지 쉬이 달콤한 휴식을 얻을 수 없음에 답답할 따름이었다. 근처에서 심 카드를 살 생각을 하고 있을 때였다. 형이 계속 주위를 살폈다. 전화번호는 있으니 휴대폰만 빌리면 된다고 했다. 꽤 심플한 해답이었다. 결국 그는 아파트 단지에서 저녁 공기를 쐬며 수다를 떨고 있는 한 가족 무리에게 다가가 휴대폰을 빌려 연락을 했다. 우리를 기다리던 호스트가 마중을 나왔고, 우리는 가족 무리에 감사를 표하며 겨우 마지막 목적지에 도착했다.

형을 만나기 전까지만 해도, 여행자는 정보 측면으로 상대적 약자기에 최대한 결핍을 노출하지 않는 것이 중요하다고 생각했다. 하지만 오히려 결핍을 솔직하게 드러내고 도움을 구하면 그것을 악용하고자 하는 사람보다 도와주려는 사람이 훨씬 더 많았다. 인간은 불완전한 존재고, 그렇기에 스스로 해결하지 못할 일도 충분히 생기기 마련이기 때문이다. 앞으로 무언가를 이룰 수 있을지에 대한 걱정은 웬만하면 접어두기로 했다. 어떻게 해서든 앞으로 나아갈 수 있었다. 오히려 무엇을 이루고 싶을지 모르는 것은 좀 걱정할 법하지만 말이다.

무사히 숙소에 온 자축으로 근처 슈퍼마켓에서 조지아 와인과 치즈를 사 왔다. 그런데 또 웬걸! 숙소에 와인 오프너가 없었다. 긴 이동으로 지칠 대로 지친 나는 와인 먹기를 포기하려고 했다. 그런데 그때 놀랍게도 형의 눈빛이 다시 빛났다. 그리고 그는 와인병을 신발에 껴 넣고 신발을 바닥에 연신 내리쳐 코르크 마개를 밖으로 빼내었다.

p.s 조지아 택시는 정말 크레이지 택시였다. 빠른 속도로 중앙선을 넘으며 앞차들을 추월하는데 도저히 잠을 잘 수가 없어 손잡이만 꽉 하고 잡았다. 동훈 형은 이 동네는 이게 흔한 광경이라며 그저 허허 웃었다. 무서운 사람…!

● 에피소드 9

 길을 걷다 보면 처음에는 꽃도 보고, 바람도 맞으며 천천히 걷게 된다. 하지만 저 멀리 무언가 반짝거리면 그것이 궁금해 나도 모르게 빠르게 걷게 되기도 한다. 혹은 친구나 아는 사람을 우연히 만나 그의 속도에 맞춰 빨리 걷게 되기도 하고 말이다. 나 또한 여행 시작을 할 때는 게으름을 표방해 최대한 천천히 여유를 즐겼다. 그러나 세상에 얼마나 새로운 것, 또 새로운 사람들이 많은지 나도 모르게 걸음에 속도가 붙었다. 영국에서 터키, 터키에서 아제르바이잔, 조지아, 다시 터키로 돌아와 요르단까지 두 달 동안 미끄럼틀을 타듯 여러 장소의 많은 이들을 만나고 또 다양한 것들을 보았다. 그렇게 힘차게 강을 래프팅해서 도착한 바닷가는 너무 넓고 평화로워서 과연 내가 타고 온 그 강물이 이 바다가 된 게 맞나 싶을 정도였다. 밤을 새워 도착한 이집트의 작은 바다 마을 다합. 여행을 시작한 지 6개월이 가까워지는 시점에 나는 잠시 이곳에 머물러 초심을 돌아보기로 했다.

여행 164일 차, 2017년 9월 28일
 1-1 늦지 않은 아침에 일어나 조금은 거친 선풍기 바

람을 느낀다. 방을 함께 쓰는 이들은 이미 침대를 비우고 나갔다. 나는 아직 자리를 비울 생각이 없어 꺼진 조명 아래 무거운 몸을 그대로 두고 이곳을 지켰다. 몸에 깔려 흐트러진 침대 린넨을 좀 다시 펴서 누울까 하는 생각도 들지만 몸이 말을 들을 생각이 없다.

1-2 오랜만에 배불리 저녁을 먹고 바닷가 근처 카페에 가서 책을 읽었다. 음악도 함께 들을까 하여 이어폰을 챙겨 갔지만 경쾌하게 부딪히는 파도 소리를 들으니 귀를 무언가로 막고 싶지 않았다. 경쾌하지만 느긋한 파도의 소리에 맞춰 책을 읽어 내려갔다. 영어로 쓰여 있는 책이라 비록 세 페이지밖에 읽지 못했지만 오랜만에 한 자, 한 자 집중해서 읽었다. 들어가는 길에 달구경을 해야겠다.

1-3 자유를 논하기 위해 성을 논한다. 일리가 있다. 생물학적으로 나는 남성으로 불리지만 나도 누군가 구분해놓은 여성성의 일면을 가지고 있다. 또 어떠한 남성성의 일면을 비교적 적게 가지고 있기도 하다. 쉽게 말하자면, 남자인 나에게도 여성적인 면이 있고 남성적이지 않은 면이 있다. 무엇이 이유인지는 잘 모르지만 여성성과 남성성은 누군가에 의해 이분화되

었다. 그것을 기반으로 남성으로서, 혹은 여성으로서 지향해야 마땅한 것으로 보이는 마네킹들이 만들어졌다. 그것이 방금 언급한 소위 여성적인 것, 남성적인 것의 기준이 된 것이다. 이를 통해 애초에 함께 있던 여성성과 남성성이 자로 잰 듯 툭툭 떨어져 나갔다. 그리고 누군가는 그것으로 피를 흘렸다. 그렇기에 성을 알아보는 것은 이전에 잃었을 수도 있는 온전한 자아를 찾는 일이 아닐까 하는 생각이 들었다. 그렇게 자유에 응하며 이분(二分)으로 가려진 '다면(多面)'을 찾을 수 있는 일 말이다. - 버지니아 울프의 글을 읽고서.

여행 166일 차, 2017년 9월 30일

2-1 느지막이 일어나 숙소 라운지에 있는 고양이 가족을 관찰했다. 꽃무늬 소파 위에 고양이 가족이 모여 있다. 엄마는 새끼들에게 젖을 주고는 그들을 핥으며 같이 잔다. 조금 이따가 아빠는 자는 새끼들을 깨워 장난을 친다. 그러다가 또 같이 낮잠을 잔다. 바람이 솔솔 불어 들어와 그들의 보송한 털을 간지럽힌다.

2-2 생각을 관찰하면서 느낀 건, 더 좋거나 더 우월한 생각은 없다는 것이다. 더 좋은 생각을 하겠다고 지금의 생각을 의심하고 또 의심하다 보면, 새로워 보

이는 생각이 들기도 하지만 때로는 다시 본래의 생각으로 돌아오기도 한다. 그렇다고 이 과정들이 무의미한 것은 아니다. 내가 본 소위 생각이 깊은 사람들은 실제로 차원이 전혀 다른 생각을 하는 게 아니다. 그들은 생각의 회전 속도가 빠르고, 한 번 그 생각에 머물 때 깊이 파고드는 사람들이었다. 좋은 생각을 하고 싶다면, 어딘가에 있을 환상을 잡으려 하기보다 대문 앞, 아니 내 방 안, 아니 내 노트 속 작은 생각을 먼저 쓰고 두자.

여행 167일 차, 2017년 10월 1일

3-1 계속해서 이어지는 평화로운 나날이다. 어느덧 9월을 보내고 10월이 왔다. 어젯밤은 왠지 모르게 중간에 자꾸 잠에서 깼다. 목이 아픈 게 감기 기운이 있는 건가 싶은 생각도 들었다. 세수와 양치를 대강 하고 터벅터벅 걸어 나와 숙소 앞 카페로 갔다. 따뜻한 커피를 한 잔 시켜서 마시고, 그림을 조금 그렸다. 오래간만에 그리는 그림이라 그런지 뭔가 답답한 구석이 있었다. 뭐든지 안 하다 보면 굳는 것 같다. 못 하는 실력으로라도 이것저것을 그리며 집중을 하니 기분도 몸 상태도 한결 나아진 기분이었다. 집중이 만병통치약인가?

여행 168일 차, 2017년 10월 2일

4-1 요즘은 해변에서 아이들이 노는 것을 지켜보는 게 그렇게 재밌다. 아이들은 그냥 놔둬도 알아서 커질 몸을 최선을 다해 늘이며 움직인다. 이제 조금씩 제자리를 찾아가는 이목구비의 근육들이 얼굴 속 사방을 깔깔거리며 헤맨다. 막 자라기 시작한 눈과 손 그리고 다리는 얼마나 하고 싶은 게 많을까? 어쩌면 아이처럼 살고 싶다는 어른들의 한탄은 이미 행동을 멈춘 자의 나태함일지도 모른다. 진정 아이처럼 살고 싶다면 다시 나만의 새로운 것을 발견해야 할 것이다. 물론, 이미 커질 대로 커진 몸뚱이를 새롭게 흔들면 누군가는 거북하다고 말할 수도 있다. 그렇다고 이 커다란 몸뚱이를 어디에 숨길 수도 없는 노릇이다. 그럼 아이가 되고 싶을 땐 어떻게 해야 할까? 음, 그냥 이미 커질 대로 커진 입으로 남들의 거북한 시선을 와구와구 씹어 삼켜버리자. 지금으로선 그게 가장 간단한 방법인 것 같다.

여행 170일 차, 2017년 10월 4일

5-1 빈둥빈둥 아침을 보내고 양치와 세수만 한 채 느지막이 점심을 먹으러 나간다. 점심은 언제나 볶음밥 혹은 그냥 빵과 계란이다. 그들은 그 빵과 계란을 아메리칸 스타일 런치 어쩌고 하지만 그냥 빵과 계란이

다. 점심을 먹고는 해변으로 나가 차 한 잔을 시키고 누워 따뜻한 햇볕과 미지근한 바람을 느낀다. 그러다가 잠시 숙소로 돌아와 수영복으로 옷을 갈아입는다. 다시 해변으로 직행해서 물속으로 풍덩! 한다. 차갑다. 소원했던 물과의 관계를 풀기 위해 쉬엄쉬엄 10번 정도를 왔다 갔다 허우친다. 이제 조금 편해졌는지 바다가 나를 편하게 안는다. 그러면 신이 난 나는 알 수 없는 몸부림도 쳐보고 물결 위에 묻은 햇살도 보고 날아다니는 작은 물고기들과 인사도 한다. 그러다가 문득 비어 있는 선베드가 외로워 보여 바다와 인사하고 나온다. 젖은 몸을 툴툴 털고 온몸으로 선베드에 내리는 햇살을 가린다. 손이 좀 마르면 가져온 시집을 꺼내 읽는다. 시집을 읽는 게 질리면 음악을 듣기도 하고, 아이들이 노는 것을 구경하기도 하고, 고양이들의 알 수 없는 행동을 탐구하기도 한다. 출출함은 뜨거운 차 한 잔으로 달래고, 대신 하늘을 가득 물든 일몰을 멍하니 바라보며 해 이외의 모든 것은 잊는다. 옷이 다 말라갈 때쯤 이집트 스텔라 맥주 한 잔을 사 들고 옥상 라멘 식당에 간다. 노르스름한 달이 검어진 하늘과 바다를 밝게 비춘다. 그럼 나는 흩뿌려진 달빛을 바라보며 스텔라 맥주를 벌컥벌컥 들이켠다. 시간이 가는 게 아쉬워서 행복한 밤이다.

● 에피소드 10

'일단 가 봐.'라는 말은 영화에서나 나오는 말이라고 생각했다. 마치 청춘 드라마에서 패기 있는 주인공이 할 법한 말이지 않나. 일단 가보자니 너무 불안하지 않은가 싶은 생각이 먼저 들곤 했다. 어느 정도는 예측하고 움직여야 안정적으로 대처할 수 있으니 말이다. 특히 중요하게 생각하는 것에 있어서는 더 그랬다. 당연히 그만큼 잃기 싫으니까. 그런 내게 불안정은 장점보다는 단점이 좀 더 많은, 그래서 되도록 피하고 싶은 것이었다.

3주간의 이집트 여행을 마쳤다. 이집트의 월드컵 진출, 싼 맛에 먹던 코샤리 등의 추억을 뒤로하고 모로코로 향할 준비를 마쳤다. 유난히 물가가 싸서 조금 더 있고 싶다는 생각도 들었지만, 런던에서 만난 승진 형과 모로코 동행을 하기로 했기에 아쉬움을 뒤로하고 배낭을 멨다. 한국어를 꽤 잘하는 호스텔 직원과 인사를 나누고 우버 택시를 불렀다. 이집트 차량 번호는 아랍 문자로 되어 있어 내가 부른 차가 맞는지 확인하려면 꽤 집중해야 했다. 그래도 혼잡하디혼잡한 이집트 카이로에 우버가 있다는 것이 천만다행이었다. 그렇지 않으면 공항에 가는 순간에도 피 말리는 가격 흥정을 하며 에너지를 쏟아야 했을 것이 분명했다.

내가 부른 우버 차량 번호를 그림 맞추듯 확인하고 무사히 공항으로 향했다. 출근 시간이 지난 아침이라 그런지 한적한 도로에 햇살이 맑게 떨어졌다. 이곳에서 만났던 고등학교 선배 용규 형, 여러 도움을 주었던 친절한 이집션들과 웅장했던 피라미드까지 하나하나 머릿속을 스쳐 지나갔다. 추억을 타고 금세 카이로 공항에 도착했다. 우버 기사는 내게 따뜻한 출국 인사를 전했다. 나는 그에게 얼마 안 되는 남은 이집트 돈을 다 건네주고 공항으로 들어갔다. 내가 탈 비행기의 항공사인 튀니지 에어 카운터를 찾아 빠르게 줄을 섰다. 일찍 도착한 편인데도 이미 꽤 많은 사람이 있었다. 다들 나처럼 모로코를 가는 사람들일지 궁금해하며 차례를 기다렸다.

조금 지루해지려던 때에 내 차례가 왔고, 여느 때처럼 휴대폰에 미리 저장해둔 티켓과 여권을 직원에게 건넸다. 수염이 턱과 목 전체에 난 풍채 좋은 직원은 꼼꼼히 여권과 티켓을 확인했다. 그런데 생각보다 시간이 꽤 걸려 걸렸다. 조금 불안하기는 했지만 꼼꼼한 게 좋은 것이니 여유롭게 기다려보기로 했다. 그런데 직원이 예상치도 못한 답변을 주었다. 예약한 비행편이 오늘 운행하지 않는다는 것이다. 설마 내가 다른 날짜에 온 건가 싶어서 티켓을 다시 확인해봤지만 분명 오늘이 맞았다.

어리둥절한 표정으로 재차 물으니, 직원은 그런 비행편은 오늘 없다며 예약 사이트에 연락해보라고 했다. 이게 무슨 청천벽력 같은 소리인가. 급한 마음에 예약 사이트에 들어가 보았다. 하지만 그 기업은 미국 기업이었고 미국은 그때 한밤중이었다. 전화할 수도 없었고 메일을 보낸다 한들 답변이 오기까진 수 시간이 걸릴 터였다. 나는 카운터를 감독하는 것으로 보이는 중년 여성에게 이 문제를 얘기했다. 하지만 핫핑크색 슈트를 입은 그녀는 무엇이 그렇게 바쁜지 내 말을 거의 듣는 둥 마는 둥 했다. 다시 카운터로 돌아와 한 번 더 확인을 부탁했고, 직원은 역시나 확인을 하고 난 후 고개를 저었다. 흥분한 나는 이게 무슨 상황이냐며 그에게 따지듯 얘기했다. 그러자 직원은 "No, English. Only Arabic."이라고 하며 대화를 중단했다. 말문이 턱 하고 막혀버렸다.

 그때 마침 카이로에서 만난 용규 형이 떠올랐다. 그는 이곳 이집트에서 아랍어 전공 교환학생으로 있었다. 나는 곧바로 공항 와이파이를 이용해 그에게 보이스톡을 걸었다. 형은 나의 이야기를 듣고 자신의 이집션 선생님에게 이 상황을 전했다. 그 선생님은 직원을 바꾸어 달라고 했고, 나는 직원에게 휴대폰을 건넸다. 그가 바라던 아랍어로 현지인과 전화를 하게 되었으니 문제가 금방 해결되리라 생각했다. 하지만 그의 대답 또한 결국 비행편이 정말로 없다는 말이었다. 형과 그의 선생님께서는 우선 감사의 말을 전하고 전화를 끊었다. 멍하니 허공을 응시하고 있으니 직원이 나를 불러 튀니지로 일단 가라고 했다. 이 항공사는 튀니지 항공사니 그곳에 가면 문제를 해결해줄 수 있다고 했다. 나는 "Are you sure?"를 재차 외쳐대며 짐을 카운터에 올렸다. 불안함을 지울 수 없었지만 다른 방법이 없었다. 일단 가야지.

출국 절차를 마치고 게이트 오픈을 기다리며 앉아 있는데, 문득 굉장히 서러운 감정이 들었다. 튀니지에 가서도 모두 내 상황을 모른 체하면 어떡하나 하는 괜한 걱정이 들었다. 불안한 나머지 근처에 앉아 있는 사람에게 영어를 할 줄 아냐고 물으며, 상황을 설명하고 튀니지에 도착하면 나를 좀 도와달라고 했다. 어차피 입국 심사 줄이 달라 나중에 만나기 어렵다는 것도 다 잊어버리고 말이다. 결국 혼자 가야 했다. 그런데 또 한편으로 '정 안되면 돈 주고 티켓 하나 더 사지 뭐.' 하는 꽤 쿨한 생각도 들었다. 사실이 그랬다. 충분히 서러울 순 있지만 여행을 중단할 정도의 위험에 빠진 것은 아니었다. 그렇게 비행기에 올라, 3시간 반 만에 튀니지의 수도 튀니스 공항에 도착했다.

계획에 없던 튀니지 입국 절차를 마치고 곧장 카운터로 향했다. 그러나 항공사 직원은 영어를 제대로 하지 못했다. 절망적이었다. 티켓을 하나 더 사야 하나 싶었지만 막상 그렇게 하자니 억울하고 티켓으로 쓴 돈만큼 여행 일수가 줄어들 수 있다는 점이 너무나 아깝게 느껴졌다. 이대로 무너질 순 없었다. 영어 잘하는 직원을 찾다야 하나 하면서 눈을 이리저리 굴리고 있을 때였다. 흰색 아랍 전통 의상을 입은 한 젊은 남자와 눈이 마주쳤다. 그는 주변 사람들과 넉살 좋게 수다를 떨다가 나에게 왔다. 그는 영어로 내게 무슨 일이냐고 물었고 나는 다시 한번 상황을 설명했다. 그는 카운터 직원과 몇 마디를 나누더니 나를 어디론가 데려갔다.

수더분한 그의 모습이 그다지 공항 직원처럼 보이지는 않아서 나중에 돈을 요구하면 어쩌나 싶은 생각이 들었다. 그래도 티켓 값보다는 덜 들 것이라는 생각으로 그를 따라갔다. 도착한 곳은 한 사무실이었다. 사무실 안에는 검정 유니폼을 입은 한 중년 남성이 책상에 앉아 있었다. 나를 데리고 온 젊은 남자는 그 중년 남성에게 나의 상황을 설명했다. 나는 그동안 잠시 배낭을 내려놓고 땀을 식혔다. 설명을 다 들은 중년 남성은 어딘가로 전화해 얘기를 마치고 나에게 미소를 보였다. 뭔지는 모르겠지만 문제가 해결되었다는 직감이 들었다.

젊은 남자를 따라 다시 카운터로 향했다. 그는 내게 카운터로 가면 내일 아침 발 새 티켓과 오늘 묵을 숙소의 정보를 알려줄 것이라고 했다. 택시비까지 항공사 측에서 제공하는 것이니 추가 비용을 낼 필요가 없다고 했다. 카운터에 거의 다다랐을 즈음 그는 내게 "Good luck!"이라고 외치며 멀어졌다. 나는 그저 그에게 고맙다는 말만 반복했다. 그가 돈을 요구할지도 모른다는 생각 자체가 부끄러웠다. 그의 말대로 카운터에서 항공권과 호텔 숙박권을 주었다. 비록 모로코는 하루 늦게 도착하지만, 호텔에 택시비까지 모두 무료였기에 참 다행이었다.

 물론 항공사 측에서 비용을 냈음에도 다짜고짜 돈을 더 내라는 택시기사와의 피 말리는 말싸움은 피할 수 없었다. 그래도 이 싸움만 끝내면 나만의 호텔 방에 갈 수 있었다. 인생 참 혼자라는 생각이 들면서도 항상 혼자인 것은 아니었다. 혼자만 갔으면 진작에 넘어졌을 순간에도 때로는 누군가 나타나 걸림돌을 저 멀리 차 주곤 하니까 말이다. 호텔에 도착하니 직원이 저녁 식사까지 안내해주었다. 셰프가 만들어준 맛있는 닭고기 요리였다.

 이런 상상치 못한 결말이라니! 종종 너무 혼란스러울 때는 그냥 일단 가봐야겠다. 어쩌면 귀인이 나타날지도 모르니.. 후후!

● 에피소드 11

 모로코에 온 이유 그 자체였던 사하라. 낙타를 타고 사막에 들어가 하룻밤을 자고 오는 대망의 사막 투어 날이었다. 멀리서만 보던 사막에 이제 직접 들어갈 수 있었다. 동행인 승진 형을 포함한 여섯 명의 일행이 낙타를 타기 위해 모래 위로 걸음을 옮겼다. 낙타를 타려면 사하라에서 타야 한다는 생각으로 요르단, 이집트에서는 낙타 호객을 전투적으로 거절했었다. 물론 돈이 충분하지 못한 이유가 제일 컸지만 말이다. 저 멀리 낙타들이 일렬로 앉아 있었다. 초콜릿 덩어리 같은 그들의 대변을 피해 밟으며 겨우 낙타의 곁으로 갔다. 파란 실크 옷을 입은 모로칸 가이드가 한 명씩 낙타를 타는 방법을 알려주었다.

 아주 어려운 것은 없었다. 안장에 올라탄 후, 낙타가 일어설 때 고꾸라지지 않도록 손잡이를 꽉 잡고 있으면 되었다. 하지만 막상 낙타가 일어서려 하니 몸이 쏟아질 듯 앞으로 쭉 기울었다. 얼굴의 피도 같이 쭉 쏠렸다가 낙타가 다 일어서는 것에 맞춰 제자리로 돌아왔다. 만에 하나의 상황 때문에 손잡이를 잡고 있으라는 줄 알았는데 손잡이는 필수였다. 모든 일행이 준비를 마쳤고 낙타와 함께 한 걸음씩 사막으로 들어가기 시작했다. 낙타를 타면 편할 줄만 알았는데, 여간 힘이 드는 일이 아니었다. 낙타는 마치 무언가를 토해내라는 듯 걸음 박자에 맞춰 나를 앞으로 쳐내었다.

낙타와 전쟁을 하고 있다가 문득 고개를 드니 선명하고 보드랍고 붉은 그라데이션의 사하라가 눈길을 사로잡았다 최신 텔레비전 디스플레이 따위에 감탄했던 이전의 내가 부끄러워질 정도였다. 인간이 만든 모든 것은 그저 자연으로부터의 모방이라는 말이 진리처럼 느껴질 만큼 사막은 아름답고 또 황량했다. 나무 한 점은커녕 생명 하나 살지 않을 것 같은 지구의 민낯이 무엇 때문에 이렇게 찬란한 것일까? 나는 압도적인 비현실감에 그저 넋을 놓았다.

1시간 가까이 낙타를 타고 사막 안으로 들어가 베이스캠프에 다다랐다. 내릴 때도 마찬가지로 앞으로 꾸벅 인사를 하고는 제자리로 돌아와야 했다. 낙타는 할 일을 다 했다는 듯 꼬리로 당당하게 파리를 내쫓으며 알 수 없는 무언가를 쩝쩝 씹어대었다. 이제 막 뜨겁게 달궈지기 시작한 모래를 겨우 밟고, 두 다리로 성큼성큼 베이스캠프를 향해 내려갔다. 슬리퍼 밖 삐져나온 발가락으로 사막의 열을 실감하며 베이스캠프 앞에 도착했다. 캠프에는 전날에 이미 도착을 한 다른 일행들이 있었다. 그들과 간단하게 인사를 나누고 투어사에서 제공하는 점심을 뚝딱 해치웠다. 감자와 닭고기가 들어간 모로코 음식 '타진'이었다. 낙타를 타느라 온몸을 써서 그런지 허기가 져, 음식들을 허겁지겁 해치웠다.

 배를 채우고 나니 막상 할 게 없었다. 점심을 지나는 사막은 너무 뜨거워 야외 활동이 어려웠다. 하지만 저 멀리 있는 노란 모래 등성이를 보고 있자니 가만히 있을 수가 없었다. 마침 무료해하는 승진 형에게 모래 구경을 하러 가자고 제안했다. 스피커를 들고 가 음악을 틀어놓고 사막과 하나가 되고 싶었다. 그렇게 우리는 슬리퍼를 방어막 삼아 천천히 모래 산을 올랐다. 푹푹 빠지는 뜨거운 모래더미를 조심조심 밀어내며 신중히 걸음을 이어갔다.

 화상을 입지 않고 겨우 언덕에 오르니 베이스캠프도 시야에 가려 보이지 않았다. 그야말로 사막과 나 그리고 승진 형만 있는 세상이었다. 사방의 황금빛이 나를 매료했다. 낙타의 발이 아닌 내 발로 얻어낸 성취라서 더욱 황홀했다. 이제서야 정말로 사막에 온 것이 실감이 났다. 광활한 노란 세상을 보고 있으니 문득 이 공간을 누비고 싶었다. 그래서 미치기 딱 좋은 Queen의 'Bohemian Rhapsody'를 틀었다.

 주먹만 한 스피커를 통해 음악이 거칠 것 없이 울려 퍼졌다. 당장에라도 달리고 싶은 욕망을 억누르고 절정이 나올 때까지 그저 눈을 감고 기다렸다. 음악은 중반을 지나 절정에 다가가고 있었다. 드디어 프레디 머큐리의 찢어지는 고음과 함께 드럼과 기타 소리가 절정으로 치솟았다. 그제야 참았던 질주 욕망을 터뜨리며 노란 세상을 미친 듯이 달렸다. 입고 있던 흰 셔츠와 바지도 하나하나 벗어젖혔다. 바지를 벗을 때는 다리가 걸려 한 바퀴 데구루루 구르기도 했다. 온몸으로 사막의 뜨거움을 느끼니 이곳에 존재하고 있는 것이 격렬하게 실감 났다. 스피커 속 프레디 머큐리는 "Just gotta get out!"을 외쳤고, 나도 그 가사에 맞춰 자유인이 되었다.

30초 정도를 전력 질주하며 가벼워질 대로 가벼워졌다. 더는 숨이 벅차올라 뛸 수 없었다. 우리는 깔깔거리며 뜨거웠던 열기를 식혔다. 퀸과의 성공적인 콜라보레이션이었다. 마치 사막을 다 가진 양 기세등등하게 뛰어온 곳을 되돌아왔다. 땀을 식힐 겸 잠시 스피커 옆에 앉았는데 갑자기 머리가 핑 돌고 어지러웠다. 계속 햇빛을 쐬서 그런지 탈진을 한 기분이었다. 뛸 때는 죽어도 여한이 없다고 생각했었는데 막상 닥치니 덜컥 겁이 났다. 우리는 빠르게 막사로 돌아가 그늘에 드러누웠다. 얼마 만에 이렇게 뛰고 땀을 흘려본 걸까. 퍽 오랜만이라는 생각이 들었다.

하늘 한가운데서 작열하던 태양이 어느덧 아래로 기울기 시작했다. 가이드는 노을을 보러 가자며 일행을 언덕으로 이끌었다. 노을의 뒤편에서 황금 옷을 벗고 있는 모래를 푹푹 밟으며 높은 곳으로 올랐다. 아까는 스치기만 해도 데일 것처럼 뜨거웠던 모래들이 언제 그랬냐는 듯 차갑게 식어가고 있었다. 과감하게 밟아도 되는 모래가 반가웠다. 언덕에 오르니 건너편에서 하루를 마무리하는 태양이 주황빛으로 찬란하게 빛났다. 능선을 따라 조금 더 높은 곳으로 올랐다. 왼발에는 노을빛을 받은 붉은 사막이, 오른발에는 노을빛을 받지 못해 잿빛이 도는 어두운 사막이 놓여 있었다.

붉게 물들어가고 있는 사막을 보고 있자니 믿기지 않았다. 어떤 화소보다 더 작은 미립자들의 상상할 수 없는 군집이 큰 그라데이션을 만들며 물결쳤다. 그 광활한 물결 위에 내가 부유하고 있었다. 내일이면 없어질 나의 발자국을 따라서 말이다. 그런데 문득 그 사실이 야속하게 느껴졌다. 그럼 발자국을 남기는 나는 누구인 거지? 때로는 내가 포세이돈이라 생각해 물장구를 치다가 파도에 물을 먹기도 했다. 또 때로는 내가 플랑크톤이라고 생각해 그저 무기력하게 물 위를 떠다니기도 했다. 포세이돈과 플랑크톤의 사이에서 내가 남기는 발자국들은 어떤 의미가 있을까? 하루의 끝을 잡고 민낯을 드러내고 있는 사막 위, 내 잡념들이 두서없이 소복소복 쌓였다.

그때 멀리서 부르릉하는 소리가 들렸다. 소리를 따라

고개를 돌려보니 4대의 오토바이가 힘차게 모래 언덕을 올라오고 있었다. 순식간에 노을 앞 능선에 선 바이커들은 아직 도착하지 않은 일행을 기다렸다. 나는 카메라를 들어 처음 보는 그들을 뷰파인더어 담았다. 그중 한 바이커가 내 카메라에 엄지를 번쩍 치켜세우고는 낙하하듯 붉은 노을을 향해 달려들었다. 그들은 낙하하는 새들처럼 멋지게 멀어졌고, 나는 그들을 보며 노을을 즐기는 또 한 가지의 방법을 알게 되었다. 물결 위 발자국을 저렇게도 남길 수 있구나! 잡념들이 진눈깨비처럼 녹았다.

p.s 사막은 정말 사람 살 곳은 못 되었다. 그렇게 덥던 사닥이 일몰과 함께 겨울처럼 변했다. 정말이지, 쏟아지는 굴-하늘 별들 때문에 살았다.

● 에피소드 12

 내 주변에는 형이나 누나가 거의 없다. 실제로 막이기도 하고 누군가를 싹싹하게 잘 따르는 편도 아니라 그런지 모르겠다. 하지만 여행 중 가장 깊게 소통한 사람은 바로, 나보다 나이가 6살이나 많은 형이었다. 그의 이름은 승진. 런던 게스트하우스 볼룬티어로 그를 처음 만나 두 달 반을 같이 생활했다. 또한 모로코 여행도 2주간 함께 하면서 그는 여행자로서의 마인드에 큰 영향을 주었다.

 그는 아일랜드에서 워킹홀리데이 생활을 마치고 바로 옆 나라인 영국 런던으로 왔다. 처음 그를 보았을 때 적당한 선이 있는 사람 같다는 느낌이 들었다. 딱 보자마자 '선이 있는 사람이야!'라고 생각한 것은 아니고, 적당한 미소와 또 적당한 단호함이 인상에 묻어났다고 할까? 함께 지내보니 정말로 그는 선이 굉장히 굵은, 호불호가 확실한 사람이었다.

 일례로 찜닭 사건이 있다. 아일랜드 여행을 잠시 다녀와 여독을 풀 겸 늦게까지 잠을 잔 날이었다. 늦은 아침 주방 테이블에 혼자 앉아 아침 겸 점심을 대충 때우고 있는데, 형이 운동하러 갔다가 돌아왔다. 그는 내게 '찜닭 먹었냐? 괜찮았지?'라고 물었다. 쫀 닭이라니? 금시초문이었다. 그러자 그는 포스트잇까지 붙여 놓은 찜닭 그릇을 못 봤냐고 되물었다. 나는 전혀 보지 못해 찜닭을 했었냐고 물었다. 그러자 그는 머릿속에 무언가가 스쳤는지, "아, 설마.." 했다.

형은 한 20대 남자 손님을 범인으로 지목했다. 다른 나라로의 이동을 위해 조식 시간보다 일찍 나간 그 손님이 찜닭을 먹은 것 같다고 했다. 형의 말에 따르면 그 손님이 원래부터 좀 눈치가 없어 신경이 쓰였다고 했다. 그러나 그는 이미 런던을 떠났기에 뭐라고 할 수도 없는 상황이었다. 하지만 형은 그렇게 생각하지 않았다. 애석하게도 그 손님은 형의 선을 넘어 버린 것이다.

그는 곧장 손님의 연락처를 찾아내 문자를 보냈다. 확인 결과 정말 손님이 먹은 것이었다. 그러자 형은 그걸 왜 먹느냐며 그를 가감 없이 디스하기 시작했다. 쇼미더머니6의 인기가 한창 하늘을 찌를 때였다. 한바탕 디스전을 마치고 형은 감정을 털어내며 "다음에 한 번 더 해줄게~"라고 했다. 나라면 그냥 넘어갔을 텐데.. 형한테 한 번 걸리면 큰일 나겠구나 싶은 생각이 들었다.는 사실 장난이고 형의 진심이 참 고마웠다.

그 확실한 선이 좋았다. 애매하게 눈치를 볼 필요가

없다고 할까? 나이가 많다고 해서 나의 선을 쉽게 넘거나 혹은 넘으려고 하지 않았다. 사실 많은 이들이 '그래도 내가 나이가 많으니까'라는 마인드를 가지고 있다. 나도 어느 정도는 가지고 있을지 모른다. 하지만 형은, 동생으로서 내가 더 싹싹하게 하지 못해도 섭섭해하지 않았고, 무언가를 도와주면 그저 진심으로 고마워했다.

그 선 때문일까? 형은 특히나 눈치 없는 사람들을 별로 좋아하지 않았다. 또 그만큼 사람을 대하는 것에 센스가 있는 사람들을 정말 좋아했다. 바로 나 같은...? 그는 분명 모두를 아우르는 사람은 아니었다. 하지만 그만큼 자신이 좋아하는 사람들에게는 많은 걸 베풀었다. 그리고 그의 관심은, 그 관심을 받는 사람에게 더 귀하게 느껴졌다. 높은 기준을 통과한 사람이 된 느낌이랄까?

나는 내 안에 선이 분명히 있음에도 사람을 대할 땐 최대한 그 선을 숨겼다. 예민해 보일 수 있는 그 선 때문에 누군가에게 미움을 받는 게 싫었다. 그렇기에 감정보다는 항상 이성을 앞세우고자 했다. 하지만 형과 지내고 보니 선을 적당히 드러내는 것도 생각만큼 그렇게 나쁘지 않다는 것을 깨달았다. 오히려 더 본인에게 솔직해지고 표현도 다양해지는 기분이랄까? 그만큼 내 사람도 확실히 지킬 수 있고 좋아하는 것을 스스로 선별해나갈 힘이 생기는 기분도 들었다.

 여행하기에 좋은 태도를 굳이 꼽으라고 하면 난 '솔직함'을 꼽고 싶다. 그런 척하고 아닌 척하는 게 아니라 적당한 선에서 자신의 감정을 표현할 줄 아는 것. 여기엔 두 가지 조건이 내포된다고 생각한다. 우선, 본인에 대해 알아야 한다. 본인을 알지 못하면 본인의 감정을 모르고, 그러면 상황에 맞는 표현 자체를 할 수 없게 된다. 두 번째로, 자신만의 커뮤니케이션 방식이 있어야 한다. 자신의 감정을 알아도 그것을 타자에게 드러낼 때 적당한 방식으로 하지 못하면 본인만 찝찝할 뿐이다.

 위 두 가지가 잘 이뤄졌을 때 뒤끝이 없고 꼬이지 않은 사람이 된다고 생각한다. 그런 의미에서 형은 자신의 감정과 표출 방법을 아는, 뒤끝 없는 사람이었다. 이러한 형과의 소통 덕분에 나는 그와 헤어진 이후에도 내 감정에 더 솔직해질 수 있었고, 그를 통해 주변과 더 깊은 관계를 맺을 수 있었다. 물론 그는 이외에도 내게 정말 많은 도움을 주었다. 맛있고 비싼 음식을 사주기도 했고, 내가 여행객들의 스냅샷을 찍어주는 일을 하거나 영어 공부를 할 때도 모든 활동을 응원하고 지원해주었다.

 하지만 무엇보다도 나는, 자기 자신을 우선으로 위할

줄 아는 형의 모습에 가장 고마움을 느낀다. 자신을 위해 남을 해치는 그저 이기적인 모습이 아니라 자신을 중심으로 주변과 함께 나아가는 솔직함이 좋다. 종종 숙소 타운지에서 형과 위스키를 마시며 대화할 때가 있었다. 대부분 농담이 많았지만 때로는 서로의 생각과 행동을 칭찬하며 분위기가 훈훈해질 때도 있었다. 그럴 때면 우린 서로 이 말을 하며 술자리를 마무리 짓고는 했었다. 형, 완전 Respect!

p.s 형은 나를 자주 jot규라고 부른다. 카카오톡 이름이 ㅈㄱ였는데 그걸 그렇게 부르더라. 참 고마운 형이다. 그는 내게 요리도 많이 알려주었다. 덕분에 이후 여행에서 더 많은 걸 베풀 수 있는 사람이 되었다. Respect!

● 에피소드 13

 여행의 절반 이상을 여름으로 보냈다. 물론 4월의 베트남 혹은 10월의 이집트가 현지인들에게는 여름이 아니었을 수도 있다. 하지만 반팔, 반바지만 입고 다니는데도 온몸에 땀이 난다면 그 계절은 나에게 여름이었다. 반년의 아주 긴 여름이었다. 그리고 드디어 10월의 끝에서 나는 여름이 아닌 다른 계절, 가을을 맞이할 수 있었다.

 늦은 저녁, 비행기를 타고 모로코 페즈로부터 스페인 바르셀로나에 도착했다. 반바지를 입은 것만으로는 쌀쌀함이 느껴졌다. 큰 배낭을 메고 걸어도 땀이 흐르지 않는 가을이 꽤 반가웠다. 예약한 숙소에는 가을만큼 반가운 고등학교 친구 민오가 기다리고 있었다. 그는 당시 독일 퀼른에서 교환학생 생활을 하던 중이었고 일정을 맞춰 바르셀로나로 휴가를 왔다. 건형이의 자취방에서 처음 세계 여행의 이야기를 했었을 당시 그와 함께 살고 있던 친구가 바로 민오였다. 까탈루냐 광장 근처에 꽤 멀끔한 게스트하우스에서 그와 어제 본 것처럼 인사했다. 우리는 간단하게 하몽에 맥주 한 잔을 하고 잠자리에 들었다.

 바르셀로나에서 맞는 첫 아침은 전날의 모로코에서

보다 훨씬 서늘하고 건조했다. 새삼 느껴지는 변화에 산뜻한 기분이 들었다. 낯선 곳, 낯선 기온에서 가장 익숙한 동네 친구가 있으니 마음이 편해졌다. 수다가 아침부터 쏟아져 나왔다. 무장 해제가 된 기분이었다. 우리는 별 계획 없이 거리로 나갔다. 까탈루냐 광장을 지나 라 람블라 거리까지 걸으며 그동안 못한 대화를 쉼 없이 이어갔다. 파란 하늘에 시원한 바람은 수다를 부추겼다.

깔끔하고 캐주얼해보이는 식당에서 파스타로 간단하게 끼니를 때우고, 포트벨 항구로 향했다. 포트벨 항구는 내가 상상했던 바르셀로나의 모습이 그대로 담겨 있었다. 젊은이들이 헤드폰을 쓰고 지나다니고, 연인들은 항구 근처에 앉아 미소로 대화를 나누고, 아이들은 비눗방울을 불며 뛰어놀고 있었다. 우리는 근처 스타벅스에서 아이스 아메리카노를 한 잔씩 시켜놓고 대화를 이어갔다. 6개월간 여행을 하면서 있었던 일들, 생각의 변화를 거침없이 술술 풀었다. 그저 겪었던 것들을 공유했을 뿐인데 민오는 생각보다 아주 놀라워했다.

이야기를 다 들은 그는 여행을 정말 잘하고 있는 것 같다고 말했다. 그 정도인가 싶으면서도 내심 뿌듯했다. 생각해보니 여행이라는 활동 자체가 무수한 영감 속에 놓이는 일이었다. 아침에 눈을 뜨면 맞이하는 낯선 공간부터 살갗으로 느끼는 공기, 입으로 들어오는 싸구려 현지식까지 단 하나도 새롭지 않은 것이 없다. 그리고 그 새로운 자극들은 여행자 각자의 체질에 맞게 소화된다. 지극히 사사로운 나의 경험이 친구의 눈과 입을 통해 살아나는 순간을 마주하면서 나도 모르는 사이에 내 안에 많은 열매가 맺혔다는 것을 깨달았다.

 붉게 물들고 있는 바르셀로나의 가을은 완벽 그 자체였다. 우리는 마치 남산을 오르는 기분으로 몬주익성으로 올라갔다. 언덕 위 견고하게 지어진 성에 오르니, 바르셀로나 시내가 한눈에 보였다. 반대편에는 짙은 파란색의 지중해가 넓게 펼쳐져 있었다. 우리는 성 이곳저곳을 역동적으로 뛰어다니며 사진도 찍고, 때로는 그늘 벤치에 앉아 지나가는 사람들을 구경하기도 했다.

 몬주익성에서의 피크닉을 마치고 다시 버스에 몸을 실어 시내로 내려가고 있었다. 창밖으로부터 햇빛이 쏟아져 내렸다. 우리는 이 완벽한 날씨를 그저 버스에서만 보고 지나칠 수 없다고 생각해 곧장 손을 뻗어 스탑 버튼을 눌렀다. 큰 가로수들로 가득 찬 길을 내려가며 말도 안 되는 농담들을 쏟아내고 깔깔댔다. 내려가는 길에 바르셀로나 경기장도 있어 기념사진을 찍고 푸드트럭에서 간식을 사 먹기도 했다.

스페인광장 근처로 숙소를 옮겼다. 저녁에는 혼자 자주 해 먹었던 백숙을 민오에게 선보이기로 했다. 만드는 게 어렵지는 않았다. 만국 어디에서나 구할 수 있는 닭고기와 양파, 마늘, 파 등을 사서 순서대로 넣고 푸욱 끓여주면 그만이었다. 오히려 인덕션 위에 냄비 밥을 하는 게 더 어려웠다. 잠깐 정신을 판 사이 물이 끓어 넘치기에 십상이었기 때문이다. 그래도 오늘은 요리하는 사람이 두 명이어서 무사히 냄비 밥도 지었다.

 마트에서 미리 사 온 캔맥주와 함께 만찬을 즐겼다. 사실 스페인에는 맛있는 음식들이 많아서 매끼 외식을 해도 부족했지만 슬프게도 내가 금전적인 여유가 없었다. 휴가를 온 친구에게는 조금 미안했지만 직접 해주는 요리라는 특별함을 강조하며 가볍게 눈속임을 했다.

 다음 날, 민오의 스페인 친구가 강력하게 추천한 탑쌓기 행사에 가기로 했다. 그의 설명에 따르면 대규모의 사람들이 모여, 누가 더 높게 인간 탑을 쌓는지 겨루는 스포츠라고 했다. 대규모 행사인 만큼 관객들도 많아 엄청 혼잡할 것 같았다. 많은 인파가 모인 장소를 별로 좋아하지는 않지만 현지인이 직접 추천해준 것은 그만한 이유가 있다는 생각이 들어가기로 했다.

그런데 알려준 장소는 생각보다 작은 공원이었다. 스타디움은 아니어도 드넓은 들판 정도는 있을 줄 알았는데 예상외였다. 알고 보니 작은 공원에서 열리는 마을 단위의 행사였다. 허탈한 마음에 웃음이 절로 났다. 대규모라고 하기엔 어려운 수의 사람들이 샅바 같은 끈을 댄 채 모여있었다. 우리는 아직 인원이 다 안 모였다고 생각하며 근처 카페에서 크루아상과 커피를 시켜놓고 기다렸다. 하지만 인원은 더 모이지 않았고 작은 탑 쌓기 대회는 그대로 시작되었다.

 사람들의 표정은 사뭇 진지했다. 처음에는 일부 인원들만 탑 쌓기를 하더니 다음부턴 두 팀 전원이 순서대로 대규모 탑을 쌓았다. 많은 사람이 모여 다래를 지탱했고 상대적으로 가벼운 여자 학생들이 한 걸음, 한 걸음 신중하게 올라가며 탑을 쌓았다. 그들의 눈빛은 오로지 오르는 것 그 자체에 고정되어 있었다. 지켜보는 사람들도 침묵을 한 채 마지막 순서의 소녀가 짚는 한걸음에 집중했다.

 마침내 그는 탑 꼭대기에 올라섰고, 많은 이들이 박수와 환호를 보냈다. 우리도 그들의 열정적인 퍼포먼스에 열심히 손뼉을 쳤다. 그들의 퍼포먼스는 마치 프로 스포츠 경기를 직관하는 것처럼 생생했다 어쩌면 마을 단위의 규모였기에 더 작고 세세하게 그들의 행동, 눈빛 하나하나에 집중할 수 있었을지 모른다.

이틀 후 민오가 독일로 돌아가는 날이었다. 나흘 동안 바르셀로나를 동네처럼 누볐다. 사그라다 파밀리아나 구엘 공원 같은 유명 관광지도 빼먹지 않고 돌아다녔지만 가장 기억에 남는 것은 글로 쓰기에도 모호할 만큼 사소하고 일상적인 것들이었다. 물론 외국이었기에 우리의 마음이 더 열릴 수 있었다. 그런데도 사소해서 더 소중한 것들이 있다.

 마지막 날까지도 우리는 근처 카페 테라스에 앉아 수다를 떨었다. 여행 중 이렇게 수다스러웠던 적이 없었다. 거울을 보듯 내 이야기가 그에게 비쳤다. 반년의 수확을 한 기분이었다. 공항에 그를 보내고 돌아오는 버스에서 그저 입을 꾹 다물고 있는 나를 발견했다. 여행 시간 대부분을 혼자 그렇게 보냈었지만 그날은 왠지 낯설었다. 다시 혼자가 되었다니. 조금은 쓸쓸하지만 마음을 다잡고 앞으로의 농사도 재미있게 지어봐야겠다고 생각했다. 한국으로 돌아가기 전 내 안에 맺힐 탐스러운 열매들을 꿈꿔보면서 말이다.

● 에피소드 14

 문득 몸을 움직이고 싶다는 충동이 들었다. 작은 매너리즘에 빠진 것이다. 여러 나라를 돌다 보니 몰랐는데 환경만 바뀌고 나의 행동은 그대로라는 생각이 들었다. 무뎌진 감각들을 다시 깨우기 위해서는 다른 행동 양식이 필요했다. 짐이 많아서 뛰어다니긴 어려웠지만 걷는 건 가능했다. 그때는 마침 여행자들 사이에서 스페인 산티아고 순례길이 주목을 받고 있을 때였다. 며칠 간의 고민을 마치고 계획에도 없던 순례길 준비를 시작했다.

 산티아고 순례길 시작점인 프랑스 생장 피드포르에 가기 위해 바르셀로나에서 우선 팜플로나라는 마을로 갔다. 바로 가기엔 거리가 멀어 팜플로나에서 하룻밤을 묵고 다음 날 생장 피드포르로 가기로 했다. 막상 팜플로나에 도착해 순례자들이 묵는 숙소인 알베르게에 짐을 푸니 내일 또 이 짐을 메고 이동을 해야 하는 게 귀찮았다. 막상 새로운 테마의 여행을 하려니 다시 빈둥거리고 싶었다. 게으름이 가지 말라고 마음속에서 생떼를 부리는 기분이었다.

 처음 와본 성당 알베르게는 고요했다. 아직 순례자들이 오기 전 시간이라 더 조용했다. 우선 바르셀로

나에서 얻은 라면을 끓여 먹었다. 면발을 호 부니 습기가 안경에 단번에 찼다. 라면을 후딱 해치우고 코인 세탁기에 빨래를 돌렸다. 사람들이 많아지면 빨래하기도 어려울 것이었기에 그들이 오기 전 재빨리 빨래하는 것이 좋을 듯싶었다. 세탁기가 돌아가는 동안 샤워를 후딱 마쳤다. 노곤한 몸을 이끌고 차디찬 침대에 조용히 누웠다.

순례자들이 한 명씩, 한 명씩 땀에 찌든 몸으로 알베르게에 들어왔다. 아직은 순례자가 아닌 나는 그들의 모습이 낯설었다. 지친 순례자들의 모습은 생각보다 굉장히 현실적이었다. 내가 아직 어색해서 그런 것일까. 많은 사람이 빠른 기상을 위해 일찍 씻고 조용히 잠을 청했다. 약간 숨이 막혔다. 물리적으로든 심리적으로든 아직은 따뜻하지 않은 이곳. 이곳에서 과연 따뜻함을 찾을 수 있을까 하는 물음이 들었다. 꽤 쌀쌀한 밤이었다.

알베르게 자체 내에서 알람이 크게 울렸다. 너무 추웠다. 순간 다시 훈련소에 입소한 것 같은 기분이 들었다. 순례길을 제대로 걷기 전부터 '왜 왔지?'라는 생각이 들었다. 걱정이 먼저 앞섰지만 그렇다고 훈련소처럼 일어나자마자 정신없이 움직여댈 필요는 없었다. 게다가 아직 나는 순례자가 아니지 않은가? 천천히 눈곱을 떼고 순례자의 첫 시작인 생장 피드포르로 가기 위한 길을 다시 한번 살펴보았다.

 아직 시간이 좀 남아 끼니를 때우고 산책을 여유롭게 즐겼다. 이곳에 오니 대도시에서는 사람들에게 가려 잘 보이지 않던 낙엽들이 더욱 크게 눈에 띄었다. 벤치에 앉아서 지나가는 사람들을 구경했다. 한적한 마을 광장에 사람들이 조곤조곤 이야기하며 각자의 갈 길을 갔다. 사람들이 내는 소음은 낙엽이 바닥에 툭 하고 떨어지는 소리와 비슷했다. 낙엽 소리가 어떻게 사람 소리랑 비슷하냐고 물을 수도 있겠지만, 여름 나뭇잎과 달리 살을 찌울 대로 찌운 가을의 낙엽 소리는 무거웠다.

 카풀 애플리케이션을 통해 프랑스 바욘으로 넘어가 생장 피드포르행 기차를 탔다. 가을의 쌀쌀한 공기가 기차 내부까지 스며들었다. 어느덧 창문 밖 지평선에는 해의 흔적만이 남아있었다. 영국 록 밴드 Keane의 단풍 같은 노래들을 들으며 프랑스 생장 피드포르에 도착했다. 팜플로나와는 비교도 할 수 없는 시골 마을이었다. 나는 곧장 순례자 여권을 받기 위해 순례자 사무실로 갔다. 머리가 새하얀 할머니, 할아버지 직원분들이 미소로 나를 맞이했다. 긴장이 조금 덜어졌다. 순례자 여권을 받은 후 기부금 2유로를 내고 조개껍데기도 하나 얻었다. 정말 순례자가 된 것 같았다.

따뜻했던 사무실을 나와 알베르게를 찾았다. 늦게 도착하는 바람에 가격이 싼 공립 알베르게가 아닌 사립 알베르게에서 자게 되었다. 겨우 짐을 풀고 간단히 요기할 겸 나왔는데 저녁 시간이 이미 지나 슈퍼나 식당이 다 닫혀 있었다. 다행히도 부엌에서 프랑스 순례자를 마주쳐 쌀 과자와 당근을 조금 얻었다. 다 먹고도 여전히 허기가 졌지만 그래도 잠을 청할 정도의 위로는 되었다. 꼬르륵거리는 배를 감추며 내일은 꼭 고기를 사서 구워 먹기로 다짐하고 잠자리에 들었다.

비가 부슬부슬 내린 아침 공기는 상쾌했다. 시원하게 내려앉은 안개를 뚫고 드디어 첫 순례길에 발을 올렸다. 시골길만 펼쳐질 것으로 생각했지만 시작은 찻길이었다. 주변엔 아무도 없었고 차만 쌩하고 다녔다. 설렘을 흥얼거리기 딱 좋았다. 마치 샤워를 하며 혼자만의 오케스트라를 여는 것처럼 내가 내는 소리에 심취하여 첫걸음을 시작했다. 관객은 초록색 산과 흰 안개였다.

길을 쭉 걷다 보니 중간에 마트가 있었다. 어제 자기 전 다짐대로 돼지고기를 사서 비닐째 가방에 걸었다. 오늘의 목적지인 론세스바예스에서 지글지글 구운 돼지고기를 먹을 생각을 하니 미소가 지어졌다. 아침 겸 점심용 크루아상을 우걱우걱 씹어 삼켜 배를 든든히 했다. 이제부터 본격적으로 피레네산맥을 올라야 했기 때문이다. 가방에 걸려 부스럭거리는 비닐봉지의 소리가 나를 응원했다.

2시간쯤이 지나 중간 마을인 발카를로스에 도착했다. 출발점 이후 처음으로 만나는 작은 마을에서 짐을 풀고 쉬고도 싶었지만 이곳이 목적지는 아니었기에 조금 쉬다가 다시 걸음을 옮겼다. 그런데 발카를로스를 지나고부터 진정한 오르막길이 시작되었다. 중간에 가끔 평지도 있겠거니 하는 생각으로 우직하게 걸음을 옮겼지만 오르막길이 더욱 우직하게 눈앞에 펼쳐졌다. 짜증이 났다. 게다가 땅이 다 젖어서 앉을 곳도 마땅치 않았다. 노래의 힘이 절대적으로 필요한 순간이었다. 이어폰에서 Queen의 'Under pressure'가 나왔다. 상황과 딱 맞는 선곡이었다. 경쾌하고 극적인 음악을 들으니 다시금 에너지가 충전되었다.

그때였다. 다른 길에서 동양인으로 보이는 한 젊은 남자가 숨을 고르고 있었다. 한창 음악으로 텐션을 올리고 있었기에 그냥 지나갈까도 생각했지만 오랜만에 사람을 만나기도 했고 이 깊은 산속에서 그건 너무 정 없는 짓 같아 이어폰을 뺐다. 그는 내게 먼저 한국인이냐고 물어봤다. 나는 그렇다고 했고, 우리는 대화를 이어가며 오르막길을 올랐다. 그는 순례길을 하기 위해 며칠 전 대구에서 프랑스 파리로 입국했다고 했다. 그는 몇 년간 내가 만난 사람 중 사투리가 가장 옴팡

진 사람으르, 이름은 승민이였다.

 승민 형은 오르막길이 가팔라질 때마다 조금씩 뒤로 쳐졌다. 메고 있는 배낭을 보니 거의 로켓이었다. 그는 내게 물 한잔해드 되냐고 물었다. 나는 흔쾌히 그에게 물통을 건넸다. 대단히 자비로운 마음에서 주었다기보다 날씨가 덥지 않았고 오히려 습했기에 딱히 갈증이 심하지 않아서였다. 나중에 그와 급격히 친해졌다. 그의 말에 따르면 이때 내가 물을 준 것이 관계에 매우 긍정적인 역할을 했다고 한다. 나는 그저 조금 여유가 있었던 것뿐이었는데.. 여러 가지로 여유를 가지는 습관을 들여야겠다는 생각이 들었다.

 그사이 물을 다 마신 그는 물통을 다시금 내게 건네주고 천천히 갈 테니 조금 이따 보자고 말했다. 다시 혼자가 되었다. 아니, 근데 걸어도 걸어도 마을은 코빼기도 보이지 않았다. 게다가 비까지 내리기 시작하면서 자포자기 상태가 되었다. 신발은 이미 다 젖어 축축했고 풍경은 더욱 무채색이 되어갔다. 노래도 이제 질려 이어돈을 빼고 싶었지만 우의를 쓴 터라 빼기도 귀찮았다. 분노가 머리끝까지 차올랐다.

 그때 랜덤 재생으로 Oasis의 'Don't look back in anger'가 흘러나왔다. 피아노 선율이 귀속을 때렸다. 그제야 내가 씩씩거리며 힘을 주고 있다는 것을 깨달았다. 고

된 일정이기는 했지만, 너무 목표만 바라보고 걸은 것이 아닌가 하는 생각이 들었다. 그도 그럴 것이 목표 말고 다른 걸 보기엔 비도 내리고 상황이 너무 별로였다. 그래도 이왕 이렇게 된 거 마음을 비우기로 생각을 고쳐먹었다. 그러자 힘이 빠져나간 자리에 새로운 에너지가 들어왔다. 감정들이 잔잔해졌다.

 무념무상으로 걷다가 보니 어느새 산속 큰 성당이 모습을 드러냈다. 백 명 이상을 수용하는 론세스바예스 알베르게였다. 노부부가 옅은 미소로 나를 방으로 안내했다. 고통의 끝에서 미소를 맞이하니 순례자로서의 첫 소속감이 느껴졌다. 고작 하루 걷고 오버를 하는 것일 수도 있지만 그때의 기분은 정말 그랬다.

 우선 무거운 짐을 내려놓고 샤워를 했다. 샤워하면서 드는 생각은 오직 하나, 돼지고기였다. 고생 끝에서 자신에게 주는 달콤한 보상! 빠르게 옷을 갈아입고 바로 부엌으로 가 고기를 꺼내 구웠다. 냄비만 있어서 조금 당황했지만 뭔가를 구울 수 있는 쇳덩이가 있는 것에 만족했다. 물론 고기들이 많이 들러붙고 탔다. 젠장. 그래도 포기할 수 없기에 조금씩 물을 넣어가며 고기를 익혔다. 사실상 삶기와 굽기의 중간이었다. 마침내 다 익은 고기를 하나 집어 미리 준비한 쌈장에 찍어 먹었다. 하루를 버틴 자로서 느끼는 단백질의 짜릿함은 이루 말할 수 없었다.

순례길 첫날, 나를 론세스바예스로 이끈 것은 사람, 음악 그리고 돼지고기라는 희망이었다.

● 에피소드 15

 평소처럼 노래를 듣거나 흥얼거리기도 하면서 길을 걸었다. 순례길 3일 만에 이 길에서의 일상이 나름 익숙해졌다. 게다가 첫날과 다르게 평지가 많아졌다. 이런 길이라던 며칠도 가볍게 걸을 것만 같았다. 이어폰을 꽂은 채 노래를 들으니 몸이 절로 리듬을 탔다. 그때였다. 신나는 멜로디에 눈이 멀었는지 진흙탕을 제대로 보지 못하고 철퍼덕하고 밟아버렸다. 밟기만 했으면 다행인데 그 순간 오른쪽 발목을 삐끗했다. 처음에는 가벼운 충격이라고 생각해 잠시 발목을 풀어주고 다시 걷기 시작했다. 하지만 내리막길을 만날 때마다 발목의 통증은 조금씩 심해졌다.

 나중에는 경사도가 그리 높지 않은 내리막길에서도 발목이 시큰거려 제대로 내려갈 수 없었다. 결국 직진으로 가도 모자랄 길을 지그재그로 걸으며 통증을 최대한 줄였다. 쉽게 갈 것만 같았던 목적지가 아득하게 멀어지는 순간이었다. 걸음이 느려지면서 몸에 열이 줄어 날씨가 더욱더 차게 느껴졌다. 빨리 가고 싶어도 그럴 수가 없었다. 결국은 '아레'라는 마을에 짐을 풀기로 했다. 길을 걸은 지 3일 만에 부상이라니! 그것도 내리막길로 가득한 일정에서. 믿을 수가 없었다.

웬만한 순례자들이 지나치는 작은 마을 아래의 시내로 나왔다. 우선 발목에 바를 약을 사고 단백질 보충을 위해 생닭다리와 마늘도 샀다. 닭고기와 채소를 푹 끓여 보신을 좀 해야 했다. 숙소에 돌아와 샤워하고 수건을 라디에이터에 데워 찜질하는데, 긴장이 풀려서 그런지 더욱 고통스러웠다. 바글바글했던 이전 숙소들에서와 달리 혼자 고독하게 찜질을 하고 있으니 무척 외로웠다. 앞으로의 일정이 심히 걱정되었지만 일단 고생한 발목을 위해 그런 걱정들은 잠시 덮어두고 닭고기를 끓여 먹었다.

밤중에 라디에이터가 꺼져 식을 대로 식은 방에서 네 번째 아침을 맞이했다. 다쳤다는 것을 잊고 침대에서 나와 걸었다가 통증이 그대로인 것을 깨달았다. 몸도 내 것이 아니었다. 그래도 잠은 푹 자서 전반적인 컨디션은 좋았다. 전날의 목적지였던 팜플로나까지는 4km밖에 안 남았기에 어떻게든 가보기로 했다. 다리는 아파도 맑은 햇살이 주변을 돌아다볼 여유를 가져다주었다.

아레의 시내 외곽을 지나갈 때쯤 한 잡화점에서 지팡이를 파는 것을 보았다. 싼 막대기라도 있으면 사야겠다는 생각으로 그곳에 들어갔다. 처음에는 등산용 폴들이 먼저 눈에 띄었다. 혹시 하는 마음으로 가격 태그를 확인했지만 나에게 택도 없이 비싼 가격이었다.

그런데 그때 노인들이 쓸 법한 나무 지팡이가 폴 옆에서 눈에 띄었다. 가격은 단돈 5유로! 등산용 폴에 비하면 많이 짧은 지팡이였지만 손잡이에 나름 돈 모양 장식도 있는 꽤 디테일한 물건이었다. 이걸 사는 게 큰 소용이 있을까도 했지만 지푸라기라도 잡는 심정으로 거금 5유로를 내고 지팡이를 샀다.

잡화점을 나와 반신반의하며 다시 걸음을 걸었다. 물론 새로 산 지팡이를 오른손으로 짚으면서 말이다. 그런데 5유르짜리 지팡이의 효과는 상당했다. 발목으로 갈 부담이 지팡이로 분산되면서 고통이 꽤 줄어들었다. 몸이 걸쩡했다면 절대 모를 일이었다. 역시 무엇이든지 겪기 전에는 알 수가 없다.

지팡이 덕에 4km 낯짓한 거리를 꼭꼭 씹듯 걸어 팜플로나에 도착했다. 팜플로나와의 두 번째 만남. 초면은 아니라서 그런지 이 동네가 편하고 반가웠다. 발목 통증을 완화하는 것이 우선이라 무리하지 않고 팜플로나에서 하루 더 묵기로 했다. 이곳은 꽤 큰 구모에 속하는 도시여서 장비나 용품을 구하거나 마트에 가기가 훨씬 수월했다. 공립 알베르게에 도착하니 첫날에 만났던 대구 승민 형과 중간중간 얼굴을 보았던 한국인 순례자들이 있었다. 그들도 팜플로나에서 하룻밤을 더 묵는다고 했다.

승민 형이 같이 저녁을 만들어 먹자고 했다. 처음에는 라면에 해물을 넣어 먹자고 이야기를 하다가 라면이 칼국수가 되고, 칼국수가 수제비가 되었다. 결국 우리는 바지락 칼국수와 부침개를 부쳐 먹기로 했다. 밀가루 반죽까지 직접 하면서 나름 특별한 만찬을 즐겼다. 처음엔 피곤하고 귀찮은 마음도 있었지만 고독했던 전날을 생각하니 함께하는 것이 새삼 더 따스하게 느껴졌다. 발목의 통증도 잠시 잊었다.

 며칠 후 동행들은 어느새 다시 볼 수 없을 만큼 멀어졌다. 다친 지 며칠이 지났는데도 발목이 여전히 시원치 않아 계속 뒤로 밀려났다. 그래도 첫날처럼 아예 못 걸을 정도는 아니었다. 나에게는 용 지팡이가 있었기에 느리게라도 걸을 수 있었다. 스트레칭은 필수였다. 날씨가 점점 추워져 몸도 쉽게 굳었거니와 다리가 회복되지 않으면 완주도 어려워질 것 같았다.

 로스 아르코스라는 마을로 가는 길이었다. 삼삼오오 모여 걷는 중년층의 사람들이 평소보다 유난히 더 많이 보였다. 단체 투어를 온 것 같은 이들을 관찰하다가 한 프랑스 아주머니와 눈이 마주쳤다. 나는 순간 뻘쭘하여 'Hi' 하고 인사를 건넸다. 아주머니는 밝은 표정으로 내 인사를 받아주고는 까미노에 처음 왔냐고 물었다. 나는 그렇다고 대답을 했고, 그는 15년 전에 이 길을 완주했었다고 말했다. 하지만 지금은 몸이 좋지 않다 여러 번에 걸쳐 조금씩 나눠 걷고 있다고 하며, 나의 길을 응원해주었다. 상황에 맞게 자신의 목표를 다시금 천천히 이루어나가는 그가 멋있었다.

 어느새 걸음 속도가 빨라졌는지 그는 내게 온화한 미소를 지으며 먼저 가도 좋다고 했다. 그러고서는 'Good bye', 혹은 'Buen camino'라는 말 대신 "Listen your body"라는 말을 내게 건넸다. 몸의 말을 들으라니! 나는 종종 몸을 통제의 대상으로 여겼다. 정신을 따라오는 부속의 존재랄까. 내 의지가 그렇다면 몸은 당연히 따라오는 것이었다. 하지만 다쳐보니 그것은 오만이었다.

Listen my body. 욕심의 속도가 걸음의 속도를 추월하지 않도록 조심해야겠다.

---

p.s 'Buen camino'는 순례길 대표 인사였다. 직역하자면 '좋은 길'이라는 뜻으로 순례자들간 오늘 하루도 좋은 길이 되라는 안녕의 의미를 담고 있다. 이 책을 읽고 있는 당신! Buen camino!

● 에피소드 16

 순례길 첫날보다 훨씬 더 추워진 공기를 온몸으로 맞으며 일어나 하루를 준비했다. 침대에서 나서려 하는데 발목이 완쾌될 기미가 보이지 않는다. 준비하긴 해야 하니 통증을 무시하고 화장실로 가 세수를 했다. 세수하다가 문득 고개를 들었는데 표정이 많이 굳어 있었다. 왠지 모르게 설렘이 사라진 얼굴이었다. 낯설었다. 그러면서 문득 3일 안에 이 길을 걸을 이유나 재미를 찾지 못하면 그만두어야겠다는 생각이 들었다. 나는 무엇 때문에 이 길에 왔고, 무엇이 나를 설레게 했던 걸까? 섣불리 판단하지 말고 3일간 걸으면서 곰곰이 생각을 정리해보기로 했다.

 이틀 후 찬란하게 빛나는 까미노의 일출을 눈으로 마시며 무거운 걸음을 뗐다. 이제 막 뜬 해가 긴 그림자를 만들었다. 롱다리의 그림자가 신기해 이리저리 걸으며, '내 다리도 저렇게 길었으면 금방 목적지에 도착했겠지?' 하는 상상을 해보았다. 그때 내 그림자 뒤로 또 다른 그림자가 따라붙었다. 고개를 돌리니 하와이에서 온 가리오가 오고 있었다. 거의 삼촌뻘에 가까운 마리오는 유쾌한 웃음으로 언제나 순례자들에게 긍정적인 에너지를 전파했다. 그는, "Hey, Kim!" 하며 내게 인사했다.

항상 밝은 그를 보며 그는 무엇 때문에 이곳에 왔는지 문득 궁금해졌다. 그래서 그에게 무슨 이유로 까미노에 왔는지 물었다. 그러자 그는 미소를 머금은 채 잠시 침묵했다. 그러고서는 자신에게 꿈이 하나 있었다고 말했다. 꿈이라니? 갑자기 무슨 이야기를 하는 것인지 몰라 의아한 표정으로 그를 보았다. 그의 꿈은 화목한 가정을 꾸리는 것이었다. 그와 그의 아내는 가정을 지키기 위해 바쁘게 일을 하며 지냈다. 하지만 오히려 지나친 바쁨이 독이 되었을까. 더 구체적인 이야기를 물을 수는 없었지만 결국 그는 이혼했고 그의 아들에게 화목한 가정을 줄 수 없다는 생각에 괴로웠다고 했다.

그는 그 분노를 풀기 위해 이곳에 왔고 한걸음, 한걸음에 분노를 태워 걷고 있었다. 항상 밝아 보였던 그에게 이런 사연이 있었을 줄은 꿈에도 몰랐다. 나는 그저 침묵을 지키며 함께 걸었다. 잘은 모르지만 그는 순례길을 걸으며 그의 상태를 하나씩 천천히 받아들이고 있는 것 같았다. 그때 마리오가 갑자기 주변을 이리저리 돌아보기 시작했다.

"Wait, Where are we now?"

언제나 보이던 순례길 조개 표시나 노란 화살표가 보이지 않았다. 길을 잘못 든 것이었다. 우리는 서로의 당황한 얼굴을 보며 웃음을 터뜨렸다. 왔던 길을 다시 돌아가야 했다. 한 7분을 돌아가서야 다른 순례자들이 걷고 있는 길이 보였다. 이상한 곳에서 오고 있는 우리를 향해 다른 순례자들이 손을 흔들었다. 화답으로 같이 손을 흔들었다.

원래의 길로 돌아가기 위해 밭을 가로질러 가고 있을 때였다. 멀리서 "Wow!" 하는 소리가 들렸다. 그 소리를 따라가니 먼 산에서 흰색의 양 떼들이 우르르 쏟아져 나왔다. 아마 이 동네 양들의 산책 시간이었나 보다. 나와 다리오도 털 뭉치들의 행진에 환호성을 지르며 원래의 길로 빨려 들어갔다. 양 떼가 지나가고, 걸음이 빠른 그가 먼저 나를 앞섰다. 그가 이 길의 끝에서는 자신을 받아들일 수 있기를 바랐다.

다음 날 부르고스라는 꽤 큰 마을에 도착했다. 알베르게 앞 작은 와인바에 들어가 지금의 상황과 나의 감정을 찬찬히 끄적였다. 정리하고 보니 완주를 막연하게 바랐지만 그렇다고 꼭 해야만 하는 이유가 있지는 않았다. 그런데도 완주를 머릿속에 그렸던 것은 몸이 충분히 받쳐주리라 생각했기 때문이다. 하지만 다친 다리는 쉬이 낫지 않았고 그에 따른 금전적 지출 또한 많아졌다. 가볍게 시작한 걸음이 여행 전체를 흔들었고, 이는 내게 꽤 큰 고통을 주었다. 오롯이 나를 위한 완주는 아닌 것 같았다.

그런데도 나는 왜 완주에 목을 매고 있는가? 고통을 외면하고 무엇을 두려워하고 있는가? 마음 안에는 익명의 시선이 있었다. '포기'에 대한 부정적인 시선, 완주의 강박이랄까? 남이 이런 상황에 놓였다면 그저 그러려니 하고 넘어갔을 일을 스스로는 복잡하게 여기고 있었다. 그렇다고 당장 무책임하게 그만하고 싶지는 않았다. 그럼 현 상황에 맞는 적절한 완주점은 어디쯤일까? 나의 욕심, 몸 상태, 돈 등의 모든 부분에서 어느 정도 오케이를 외칠 중간선. 바로 이 길의 반, 400km 지점을 종착지로 정했다.

완주에 대한 욕심을 버리고 나니 마음이 한결 후련해지고 묘한 해방감까지 들었다. 돌이켜보면 살면서 이렇게 주체적으로 포기를 선택했던 적이 있나 하는 생각이 들었다. 포기에는 언제나 나약함이 있다고 생각했고, 그래서 그것을 받아들이고 싶지 않았다. 하지만 누구나 약한 면은 있다. 완벽한 선택이란 중심에 온전히 내가 자리 잡아 내리는 결정이 아닐까 싶다.

부르고스를 떠나 한결 가벼운 마음으로 3일을 더 걷고 까미노의 절반에 도달하는 날이었다. 내가 정한 까미노의 마지막 일정이었다. 도착지는 까리온 데 로스 꼰데스. 평소처럼 순례자들과 아침 인사를 나눴다. 부에노스 디아즈! 신발을 신고 있는데 오랜만에 김명중 아저씨를 만났다. 거의 아버지 연배의 김명중 아저씨와는 함께 음식도 해 먹고, 와인도 나눠 마신 추억이 있다. 그는 며칠 쉬엄쉬엄 걸어서 오늘은 먼 걸음을 해볼 거라고 하셨다. 아저씨를 먼저 배웅했다. 따로 작별 인사를 하지는 않았다. 어디서라도 언젠가 또 뵙기를 바랐다.

 느지막이 알베르게를 나와 몇 걸음을 옮기는데 프랑스 친구인 알렉시, 발렌티 그리고 호주 친구 소피아와 마주쳤다. 그들은 셋이서 항상 함께 다녔는데 길에서 마주칠 때마다 내게 먼저 인사를 해주기도 하고, 벤치에서 와인과 소시지를 내어 주기도 했다. 이제는 가을이라기보다 겨울에 가까운 마지막 날 아침. 마지막 날인 만큼 든든하게 걷고 싶어 그들과 함께 작은 카페에 들러 라떼와 빵을 시켰다. 우리들의 온기 때문인지 창문에는 성에가 짙게 끼어 있었다.

 길을 걷다 보면 처음에는 누군가와 함께 걷더라도 때로는 각자의 속도에 맞게 자연스럽게 흩어지기도 한다. 그러다가 잠시 벤치에 앉아 쉬다 보면 또다시 그들을 만나기도 하고 말이다. 알렉시, 발렌티, 소피아와도 담소를 나누며 걷다가 각자의 속도에 맞춰 흩어졌다. 한 3km 정도를 걸었을까? 작은 마을의 한 카페에 그들이 앉아 있었다. 인사를 할 겸 들어갔는데 그들이 나름 진지하게 이야기를 나누고 있었다. 알고 보니 이들 또한 순례길을 그만둘지 말지를 고민하

고 있었다. 알렉시가 이 길에 재미를 못 느끼는 모양
이었다.

 의리 좋은 프랑스 시골 청년들. 그중에서도 유난히
내성적이었던 알렉시 또한 나처럼 이 길에 대해 고
민을 하고 있었다. 그들은 알렉시의 결정에 따라 곧
장 버스를 타고 집으로 갔다. 내가 그렇게 느껴서 그
런 걸지도 모르지만 그들의 선택에는 딱히 죄책감이
나 부끄러움이 없었다. 그냥 그들의 선택이 그러한
것일 뿐 변명을 늘어놓거나 하지 않았다. 물론 산티
아고 순례길이 그들에게 멀지 않기 때문에 큰 아쉬움
이 없었을 수도 있다. 하지만 나도 분명 가벼운 마음
으로 왔던 순례길인데 그만둔다는 것에 왜 이리도 신
경이 쓰였을까?

 친구들과 작별을 했다. 아침에 여유를 많이 부렸는지
남은 길엔 지나가는 다른 순례자가 아무도 없었다. 혼
자 걷는 길이 쓸쓸했다. 더군다나 오늘은 포도밭 같은
시골길이 아닌 큰 도로를 따라 난 직선 길이었다. 이
어폰까지 망가져 그 적막함을 오직 걸음에 태워 보내
야 했다. 혼잣말이 너무도 크게 들렸다. 고요히 20km
를 걸어 최종 목적지인 까리온 데 로스 꼰데스에 도착
했다. 남들에게는 산티아고가 목적이기에 이 길이 '까
미노 데 산티아고'(산티아고로 향하는 길)지만, 나에
게는 '까미노 데 까리온 데 로스 꼰데스'(까리온 데 로스 꼰데스로 향하는 길)가 되어버렸다.

 언제나처럼 먼저 도착한 순례자들이 "Hey, Kim!" 하면서 인사를 건넸다. 이제 당분간 느끼지 못할 이곳에서의 다정한 분위기를 만끽했다. 처음에는 그 양기가 부담스럽기도 했다. 하지만 그들은 언제나 따뜻했고 그 따뜻함 덕에 나도 조금은 따뜻해질 수 있었다. 그들과 이 길을 함께 하지 못한다고 생각하니 눈물까지 핑 돌 지경이 되었으니 말이다.

 까미노 데 산티아고, 우리말로 '산티아고 순례길'. 그 마지막 밤이었다. 눈을 감고 이 길을 생각하면 떠오르는 것은 묵묵히 걷는 순례자들의 뒷모습과 알베르게에서 맞는 따뜻한 미소다. 내가 선택한 마지막이기에 그들과 헤어짐도 그저 길 일부라 생각을 하련다. 언젠가 내가 이 길을 완주하고 싶을 때 다시 만나길 기원하면서.

 산티아고 순례길에 다시 올 이유를 마음속에 품고 잠을 청했다. 순례길, 일시 정지.

● 에피소드 17

 독일에서 야간 버스를 탄 지 12시간 만에 덴마크 콜링이라는 도시에 도착했다. 이곳 콜링에서는 더학교 동기 찬기가 어학연수를 하고 있었다. 여행하면서 종종 그와 연락을 주고받았는데 그때마다 그는 덴마크에 한번 꼭 놀러 오라고 했다. 덴마크는 물가가 비싸기로 유명한 북유럽 국가 중 하나로, 이번 여행에는 엄두도 못 낼 곳이었다. 하지만 놀러 오라는 초대에 나는 곧장 콜링행 버스 티켓을 끊었다. 12월의 시작과 함께 여행 처음으로 겨울을 맞이하게 되었다.

 연두색 플릭스 버스에서 내려 먼저 기지개를 쭉 켰다. 12시간 동안 앉아서 오느라 몸이 찌뿌둥하기도 했고, 짐칸에 맡겨져 있었던 14kg짜리 배낭을 메어야 하기 때문이었다. 다시 무거워진 몸을 이끌고 찬기에게 연락하기 위해 오이파이를 찾아 헤맸다. 다행히 정류장 근처 우체국이 프리 와이파이존이었다. 보통 관공서나 프랜차이즈 식당은 프리 와이파이존인 경우가 많았다. 와이파이 기생의 삶이 이젠 전혀 어색하지 않았다. 곧장 찬기에게 보이스톡을 걸었다. 그는 전화 너머로 나를 반기며 기차역에서 보자고 했다.

 정말 오랜만에 찬기를 만나게 되었다. 그는 신입생

때 나의 편견을 제대로 깨부수어 준 친구였다. 당시 그는 특이한 캐릭터로 유명했지만 그만큼 수업에는 잘 나오지 않았다. 또한, 그와 학술제 같은 팀이 되었는데 그때도 회의 때 그를 보기가 여간 쉽지 않았다. 오히려 뒤풀이 장소 혹은 PC방에서 그를 보기가 더 쉬웠다. 그래서 그런지 당시 나는 '쟤는 왜 저럴까?'하고 궁금해했던 적도 있다.

그렇게 1학년이 끝나갈 무렵 문득 그에게 전화가 왔다. 전화를 받으니 그가 잠시 내 방으로 가도 되겠냐고 물었다. 나에게 의견 하나를 묻고 싶다고 했다. 이전에 단 한 번도 1:1로 대화를 나눴던 적은 없었기에 조금은 당황스러웠다. 몇 분 후 그가 왔고, 그의 용건은 공모전에 낼 영상을 피드백해달라는 것이었다. 얘기를 나누다 보니 그가 혼자서 여러 공모전에 출품하며 자기만의 창작 활동을 하고 있다는 것을 알게 되었다. 그는 신이 나서 자신이 해왔던 것들에 관한 이야기를 쏟아내었다. 그의 표정이 참 행복해 보였다. 한 바탕 대화를 마치고 그가 떠난 후 뒤통수를 한 대 크게 후려 맞은 기분이 들었다. 그가 수업에 불성실했을지는 몰라도 자신의 삶 자체에 불성실한 것은 아니었다.

기차역에 가까워졌다. 막상 가까워지니 그냥 친구를 만나는 것인데도 조금 떨렸다. 역 문을 밀고 안으로 들어가니 군인 모자를 쓴 찬기가 서 있었다. 그는 긴 머리에 수염을 잔뜩 기른 내 모습을 보고 여행자가 다 됐다며 웃어댔다. 우리는 들어가는 길에 간단히 장을 보았다. 그는 나에게 "여행 다니면서 이런 거 못 먹었을 거 아니야?" 하며 자신이 가장 좋아하는 젤리를 한 움큼 집어 종이봉투에 담았다. 딱히 군것질을 좋아하지는 않기에 별 기대를 하지는 않았다.

그의 집은 흰색의 소박한 빌라였다. 바닥이 나무로 되어 있어 정겨운 느낌이 있었다. 그는 갈릭 소스에 미리 재워둔 닭 다리 요리와 아스파라거스 볶음. 그리고 흰 쌀밥을 내게 대접해주었다. 오랜만에 누군가가 내게 해준 뜨거운 흰 쌀밥이었다. 맛이 정말 일품이었다. 밥을 다 먹고 이야기를 나누는데 그가 아까 사 온 젤리를 내게 건넸다. 콜라 모양에 흰 가루가 묻어있는 젤리였다. 나는 속으로 '젤리가 뭐 그냥 젤리겠지.' 하고 그가 건넨 젤리를 입으로 가져다 넣었다. 그런데 그 젤리가 내 입속을 이리저리 자극했다. 끝에는 콜라의 달콤함이 느껴졌다. 환상적이었다. 분명 처음 느끼는 맛이라고는 할 수 없지만, 오랫동안 이런 부류의 사치는 부려본 적이 없기에 처음이라 느낄 만큼 황홀했다. 찬기도 그런 나의 표정을 보고 "맛있지?"하고 킥킥 웃어댔다. 고작 젤리 하나를 먹은 것인데 행복감이 순식간에 밀려들어 왔다.

내가 또 편견을 가진 것일까. 군것질 하나로도 사람

의 기분을 바꿀 수 있다니! 삶이 팍팍해질 때면 이날을 기억해 종종 젤리를 찾을 것 같았다.

'휘게'는 덴마크어로 편안하고 기분 좋은 상태를 뜻한다. 며칠 동안 나는 이곳에서 휘게라이프를 제대로 즐겼다. 찬기가 오전에 어학원에 가 있을 때 나는 느지막이 일어나 백숙, 짜장밥 등을 만들었다. 그리고 그가 오면 아침 겸 점심으로 식사를 함께 나눴다. 방을 거저 쓰는데 요리 정도는 내가 하는 것이 지당했다. 오후에는 간단히 씻고 그동안 못 본 한국 영화들을 한두 편 보았다. 왜인지 모르겠지만 담백한 한국 영화가 갑자기 너무 보고 싶었다. 그러고 나서 해가 지기 전에는 산책 겸 밖으로 나가 내일 식사를 위한 장을 봐오곤 했다. 또 때로는 찬기가 쉬는 날에 함께 그의 촬영일을 가거나 콜링성 등을 산책하기도 했다. 물론 콜라 맛 젤리는 생각날 때마다 사 먹었다.

우리는 마치 꼬마 요리사가 된 것처럼 뭘 해 먹을지 고민하며 매일 나름 근사한 저녁 만찬을 만들었다. 휘게 라이프는 꽤 아늑했다. 그래 봤자 고작 2주 남짓을 생활한 것에 불과하지만, 덴마크 사람들은 날씨 때문이라도 실내에서 많은 생활을 할 수밖에 없을 것 같다는 생각을 했다. 왜냐하면, 내가 있는 동안 콜링에는 대부분 눈이나 비가 내렸기 때문이다. 북유럽 국가치고는 생각보다 낮은 위도에 있어 그렇게 춥지는 않았고 오히려 습해서 야외 활동을 엄청나게 하고 싶은 날씨는 아니었다.

그렇게 10일간 이어진 휘게 라이프에 살짝 몸이 찌뿌둥해질 때, 찬기가 새로운 제안을 했다. 그것은 바로 레고 하우스. 이전까지 레고가 미국 회사인 줄만 알았는데 사실은 덴마크에 본사가 있었다. 그것도 콜링 근처 빌룬드라는 도시에 말이다. 찬기가 덴마크에서 어학 공부를 하는 것도 바로 그 이유에서였다. 그는 어렸을 적부터 레고를 무척이나 좋아했다고 한다. 그리고 그런 관심이 그를 덴마크로 이끌었다. 찬기는 이미 레고 하우스에 다녀왔었다. 그의 말에 따르면 그곳은 천국과 같은 곳이었다. 여러 가지 레고 체험을 하다 보면 시간이 가는 줄 모른다고 했다. 입장료가 35,000원 정도로 꽤 비쌌지만, 레고 발상지에 와서 본사를 안 가볼 수는 없었다.

아침 일찍 일어나 마트에서 파는 인스턴트 라면을 끓여 밥까지 든든하게 말아 먹었다. 1시간도 안 걸리는 근처 도시에 가는데 버스 교통비가 왕복으로 24,000원이 나왔다. 북유럽의 살인적인 물가를 체험하는 순간이었다. 발을 동동 구르며 버스를 기다리고 있는데 눈이 조금씩 내리기 시작했다. 갈색 벽돌로 만들어진 건물을 배경으로 하얀 눈들이 쏟아지는 것이 퍽 예뻤다. 눈에 잠시 빠진 동안 버스가 왔다. 찬기는 멀미가 있어 일찍이 쭈그려 잠이 들었고, 나는 좌우로 펼쳐진 설경을 바라보며 덴마크의 풍경을 즐겼다.

드디어 빌룬드에 도착했다. 조금은 휑한 마을에 우직하게 자리 잡은 새하얀 레고 하우스가 우리를 기다리고 있었다. 들어가기에 앞서 근처 마트로 가 빵과 살라미를 샀다. 레고 하우스에서 온종일 시간을 보낼 작정이었기에 일용할 양식은 필수였다. 물론 레고 하우스 내에도 음식을 팔지만 그걸 사 먹을 금전적 여유는 없었기에 최대한 싸게 음식을 준비해 레고 하우스에 들어갔다.

먼저 역사관으로 가서 3대째 이어진 레고 창립 주들의 스토리와 장난감의 역사를 훑었다. 열성 팬 찬기의 부연 설명으로 그들의 본질을 어렴풋이나마 느낄 수 있었다. '아이들의 상상을 현실로 만들어주는 다리가 된다.' 그들은 이 명료한 정체성을 중심으로 그들의 생존을 위협하는 여러 가지 위험들을 잘 대처해나갔다. 역시 철학이란 것이 현실에 전혀 쓸모없는 것은 아닌 듯싶었다. 하지만 조금은 지루하기도 했다. 우리는 레고의 현재를 즐기기 위해 재빠르게 체험존으로 갔다.

마스터피스 관부터 나머지 4개의 존을 둘러보기로 했다. 마스터피스 관은 아티스트별로 작품들이 소개

되어 있었다. 엄청나게 거대한 레고 공룡 3개가 시선을 단번에 끌었다. 크기도 놀랍긴 했지만 나중에는 공룡 뿔을 다람쥐, 돛 등으로 표현한 것에 더 눈길이 갔다. 마스터피스 관을 지나 계단을 타고 내려가면 레드 섹션이 있었다. 크리스마스 테마의 조립 존에서 각자만의 조립에 집중했다. 찬기는 입체적인 모양의 트리를 만들었고 나는 눈 쌓인 달팽이를 만들었다. 우리는 각자의 작품을 들고 폭포 앞에서 기념사진을 찍었다.

이외에도 레고 폭포에 빠져보기도 하고 다른 섹션에 가 물고기, 꽃, 건물까지 다양하게 조립을 하기도 했다. 레고 티를 입고 온 찬기는 이미 와본 경험이 있음에도 마치 처음 온 사람처럼 헤드폰을 끼고 창작에 몰두했다. 그의 순수한 열정이 표정에서부터 느껴졌다. 그 덕분일까? 아침부터 저녁까지 거의 한나절은 있었는데 시간이 어떻게 가는지도 몰랐다. 오랜만에 무언가에 순수하게 집중할 수 있어서 참 개운했다.

몰입의 에너지. 내가 이런 에너지를 가져본 것이 얼마 만일까? 어쩌면 내가 공허감을 느꼈던 것의 원인이 이러한 순수한 몰입의 부재가 아니었을까 싶은 생각이 들었다. 분명 날 때부터 이러한 호기심이 없었던 것은 아닌데 말이다. 호기심은 달콤하고 때로는 엉뚱해서 마치 젤리처럼 철없는 이들의 것으로 여겨지기도 한다. 하지만 철이 들수록 무채색으로 변해 가는 일상에 때로는 겁이 나, 몽글몽글했던 어린 날을 되돌아 보기도 하지 않나.

팍팍한 삶 속에서 개운함을 느끼지 못할 때 젤리를 먹거 기분 전환을 할 수 있다면 삶은 좀 유연해지지 않을까? 문득 레고에 몰입한 찬기의 표정이 떠올랐다. 나는 이렇게 고민이 많은데 그는 아무래도 그런 것에는 관심이 없어 보였다.

p.s 지금도 일탈을 하고 싶지만, 현실적으로 그럴 수 없을 때 위안 삼아 젤리를 사 먹는다. 경직된 뇌를 잠시나마 말랑말랑하게 해주는 기분이랄까?

p.s 아 그리고 레고 폭포는 무척 아팠다.

● 에피소드 18

 한 달간의 프라하 볼룬티어를 마쳤다. 날마다 아주 호되게 일하면서 돈을 아낀 기념으로 북미로 넘어가기 전 마지막 유럽 여행을 하기로 했다. 조건은 북미행 항공권이 가장 싼 곳이었다. 찾아보니 아이슬란드에서 20만 원도 안 되는 돈으로 캐나다 토론토에 갈 수 있었다. 망설일 필요가 없었다. 가자, 오로라와 빙하가 있는 환상의 섬으로!

 하지만 그것은 하나만 알고 둘은 모르는 생각이었다. 우선 아이슬란드는 북유럽 중에서도 북북북유럽 국가로 날씨가 몹시 추웠다. 아이슬란드 수도인 레이캬비크 공항에 내려 버스를 타고 시내에 갈 때까지만 해도 큰 체감을 하지 못했다. 하지만 버스에서 내리자마자 차디찬 눈바람들이 나를 아주 적극 맞이했다. 15kg짜리 배낭과 함께 휘청거리며 겨우 걸음을 떼었다.

 날씨 정도야 하나의 특별한 경험 정도로 이겨내 볼 수 있었다. 하지만 이곳의 높은 물가는 가난한 여행자의 숨통을 옥죄었다. 외식은 꿈도 못 꾸었다. 폭포 구경을 하러 가던 중에 배가 너무 고파 스낵을 파는 휴게소에 들렀는데 제일 저렴한 치즈버거가 1만 원이 넘었다. 10분가량을 고민해서 결국 치즈버거를 사 먹었는데 눈가가 촉촉해졌다. 맛이 있어서 그랬다고 말하고 싶다. 결국, 지출을 줄이기 위해서 대용량 봉지에 들어 있는 빵과 직접 만든 파스타로 매일 버텼다.

더운 나라에서는 굳이 꼭 어디를 가지 않더라도 바닷가에 가거나 산책을 하며 그곳을 즐길 수 있었다. 하지만 이곳은 산책도 하나의 도전이자 모험이었다. 게다가 오로라와 빙하는 꼭 봐야 했다. 보지 않는다면 침대에만 누워 있어야 했기 때문이다. 그런데 온라인으로 투어를 알아봤더니 오로라 투어가 약 6만 원, 요쿨살론 빙하 투어가 약 20만 원이었다. 20만 원도 안 되는 캐나다행 비행기를 탈 겸 이곳에 왔다는 게 참 웃겼다. 우선은 오로라 투어를 한번 해보고 빙하 투어를 할지 결정하기로 했다.

오로라 투어는 가이드와 함께 버스를 타고 오로라 출몰 지역에 갔다 오는 일정이었다. 생각보다 오로라가 귀해서 못 보고 돌아오는 사람들도 많다고 했다. 마치 유치원 선생님을 할 것 같은 젊은 여성 가이드가 여행객들을 안내했다. 가는 길에 이것저것 오로라에 관해 설명을 해주었지만, 영어로 가득한 설명을 듣다가 그만 잠이 들어버렸다. 깨어보니 버스가 멈춰있었다. 가이드의 안내에 따라 밖으로 나갔는데, 밤의 아이슬란드는 더욱 미친 듯이 추웠다. 가이드는 밝은 표정으로 여행객들에게 한 통씩 핫초코를 주었다. 조금이나마 몸을 녹이고 곧장 오로라를 보러 갔다.

 오로라가 잘 나타난다는 곳에 도착했다. 수많은 사람이 그곳에서 하늘만 보고 있었다. 별들이 가득했다. 여러 명의 가이드가 앞에 나와 오로라를 기원하는 전통 노래를 불렀다. 무슨 말인지는 하나도 알아들을 수 없었지만 뭐랄까 알 수 없는 순수함이 느껴졌다. 마치 크리스마스 선물을 기다리는 어린 시절로 돌아간 기분이 들었다. 그들의 노래로 추운 마음이 살짝 녹았다.

 하지만 오로라는 끝내 나타나지 않았다. 결국, 다른 곳으로 이동했는데, 거기에서는 곧장 오로라가 나타났다. 가이드는 흥분한 목소리로 오로라가 나타났다며 빨리 자신을 따라오라고 했다. 거의 뛰듯이 걸어간 끝에 검은 밤 푸른색 오로라를 볼 수 있었다. 사진으로 본 것만큼 스펙타클하지는 않았지만 은은하게 펼쳐져 있는 모습이 굉장히 몽환적이었다. 그런데 웃긴 건 오로라를 처음 보는 여행객들보다 가이드가 더 신이 났다는 것이다.

 성공적인 투어를 마치고 돌아오는 길에 가이드는 오로라를 보여줄 수 있어서 정말 기쁘며 자신은 이 일이 참 좋다고 했다. 그러고는 곧장 자축의 바이올린 연주를 했다. 새벽의 심포니! 따뜻한 버스 안에서 얼었던 몸들이 녹느라 잠이 쏟아졌지만, 귀로는 그녀의 행복한 연주를 차곡차곡 담았다. 아이슬란드의 투어가 비싼 이유가 단순히 척박한 환경 때문만은 아니라는 생각이 들었다. 가이드는 자기 일 그리고 환경에 매우 진심이었다. 몸만 어른이고 마음 속에는 동심을 지닌 것 같았다.

결국 오로라 투어에 이어 요쿨살론 빙하 투어까지 가기로 마음먹었다. 정말 비싼 돈이지만 하지 않으면 후회할 것 같았다. 요쿨살론 빙하 투어는 수도 레이캬비크에서 버스를 타고 수 시간을 가야 하는 일정이었다. 휴게소 음식이 비쌀 걸 알기에 빵에 살라미를 끼워서 도시락을 쌌다. 남들이 식당에서 음식을 먹을 동안 나는 그걸 꺼내 점심을 해결했다. 근데 옆 사람도 나처럼 식당에 들어가지 않았다. 굶는 건가 싶어 빵 하나를 주고 이야기를 나눴다.

그의 이름은 피오트르. 폴란드에서 온 청년이었다. 그는 빙하를 볼 생각에 매우 설레 있었다. 그 또한 나처럼 카메라를 목에 메고 있었다. 우리는 서로 카메라 이야기를 하며 서로의 사진 메이트가 되어주기로 했다. 오로라 투어 때 오로라를 배경으로 찍은 사진이 없어 아쉬웠는데 꽤 반가운 일이었다.

남은 길을 달려 버스는 빙하 앞 주차장에 섰다. 피오

트르는 설레는 마음으로 빨리 빙하를 보러 가자고 했다. 나보다 더 설레 하는 그의 모습을 보니 나도 괜히 설렜다. (그한테 설렌 건 아니다.) 방한 준비를 확실히 마치고 그와 함께 빙하 앞으로 성큼성큼 걸어갔다. 하얀 세상 안에 푸른 빙하와 빙하 물이 내 눈에 들어왔다. '와, 말도 안 돼.' 사막을 볼 때랑은 또 다른 경외감이 들었다. 날씨가 추워서 그랬을까? 치명적으로 아름다운 느낌이었다.

피오트르도 나와 같은 생각인지 연신 '와우!'를 외쳐대며 고개를 이곳저곳으로 돌렸다. 우리는 서로 사진을 찍어주기도, 또 함께 찍기도 하며 이곳에서의 기쁨을 만끽했다. 그러고 나서는 잠시 각자만의 시간을 가졌다. 나는 인터스텔라 OST를 들으며 빙하 앞에서의 경외감을 극대화했다. 노래가 끝나고 천천히 다이아몬드 해변으로 갔다. 빙하 조각들이 해변 이곳저곳에 예쁘게 널려있는 다이아몬드 해변은 말 그대로 다이아몬드 세상에 들어온 느낌을 주었다.

마치 어렸을 적 슈퍼 앞 아이스크림 박스의 냄새를 맡으며 어떤 아이스크림을 먹을지 고민하던 기분이 떠올랐다. 얼음 덩어리들을 보고 있으니 웃음이 났다. 어느덧 내게 온 피오트르는 정말 아주 아름답지 않냐며 하이파이브를 했다. 오늘 처음 만난 사람이지만 낯을 가릴 여유가 없었다. 그날만큼은 피오트르도 나도,

장난감만 있으면 금방 친해질 수 있는 아이들이 되었다. 분명 날은 추웠는데, 추위는 안중에도 없었다.

결국 아이슬란드에서 4일간 70만 원을 썼다. 한 달 평균 여행 비용이 100만 원 남짓이었던 걸 생각하면 정말 큰돈이었다. 그런데도 그 돈이 아깝지 않았던 것은 장엄한 광경을 통해 얻은 한 '기분' 때문인 것 같다. 그것은 바르 동심이었다. 광활하고 아름다운 자연 앞에서 그 어떤 똑똑한 인간도 순수한 아이가 되어버릴 수밖에 없는 그 마음! 냉혹한 추위 속에서도 도로라를 기다리고, 에메랄드빛 빙하 앞에서 넋을 놓을 수밖에 없는 바로 그 마음!

나중에 혹시나 동심을 찾는 방법을 완전히 까먹어버리는 날이 온다면 아이슬란드행 티켓을 끊어야겠다. 그때도 바이올린 연주를 들을 수 있길 바라며.

● 에피소드 19

 세계 최강대국이자 만화 심슨의 배경인 나라! 내 고향 동두천에 수많은 군인을 보냈지만 나는 단 한 번도 가본 적이 없는 태평양 반대편의 나라. 이 정도가 바로 내가 생각했던 미국이었다. 또한, 내게 영어 공부를 하게 한 원흉이자, 남북문제가 터질 때마다 뉴스에 등장하는 중재자. 그 존재만으로도 이미 내게 적지 않은 영향을 미치는 나라가 미국이었다. 물론 이 정도 영향력은 여느 지구인이라면 비슷하게 느낄지도 모른다. 코카콜라를 한 번이라도 마셔본 적이 있다면 말이다. 그래서일까? 미국은 내게 특별함보다는 보편적인 색이 강한 국가였다. 적어도 미국에 가족이 살고 있다는 이야기를 듣기 전까진 말이다.

 캐나다 토론토에서 야간 버스를 타고 미국 할머니가 계신 뉴저지주 체리힐에 도착했다. 외할아버지의 누이인 미국 할머니를 처음 뵙게 된 건 고등학교 1학년 때였다. 그전까지만 해도 외국에 가족이 살고 있다는 것은 그저 남 얘기인 줄 알았다. 그런데 그때 처음 할머니께서 한국에 오시면서 그것이 단지 남 얘기만은 아니게 되었다. 할머니의 첫인상은 부드럽지만 강인한 느낌이 있었다. 오히려 같이 오신 미국 할아버지께서 조금 더 온화한 느낌이었달까?

그로부터 9년쯤이 지나고 세계여행을 떠나기 직전 할머니는 또 한 번 한국에 오셨다. 남편분인 할아버지께서는 수년 전에 돌아가셔서 할머니만 뵐 수밖에 없었다. 9년이라는 세월이 길다면 긴 시간인 만큼 할머니께서도 처음 뵈었을 때보다 더 온화하고 순해지신 것 같았다. 다른 가족들로부터 나의 여행 소식을 미리 들은 할머니는 내게 꼭 미국에 오라고 하셨다. 잘 수 있는 방과 먹을 음식은 걱정하지 말라고 하셨다. 그때 계획으로 미국을 갈 수 있을지 확답을 해 드릴 수는 없었지만, 그래도 마음 한편이 든든해졌다. 아주 홀로 하는 여행은 아닌 기분이랄까?

 할머니께서 다시 한국을 떠나는 날이었다. 아빠가 할머니를 공항에 모셔다드리기로 했다. 할머니가 먼저 나와 조수석에 타셨다. 그런데 배웅을 나와야 할 할아버지가 나오시지 않았다. 조금은 의아했지만 우선 기다렸다. 하지만 끝까지 할아버지는 밖으로 나오지 않으셨고 아빠는 비행기 시간 때문에 어쩔 수 없다며 결국 차를 움직였다. 이렇게 정말 헤어지시는 건가 생각을 하고 있을 찰나 할머니께서 갑자기 소녀처럼 울기 시작했다. 할머니의 눈물에 깜짝 놀랐다. 그녀는 이제 나이가 많이 들어 한국에 다시 올 수 있을지 모르겠다고 하셨다. 그러면서 당신의 동생도 같은 직감 때문에 혹여 눈물을 보일까 봐 일부러 마중을 나오지 않은 것 같다고 했다. 서른 장도 안 되는 세월의 무게를 가벼이 이고 있는 나로서는 상상조차 하기 어려운 감정이었다.

 공항에 가는 동안 할머니는 전쟁 때 이야기를 해주셨다. 동생의 손을 잡고 피난길에 올랐던 때의 이야기였다. 어렸을 적 남매의 추억이 전쟁이라니. 새삼 그들 세대에 대한 아득한 벽을 느꼈다. 그들의 유년은 나의 유년과는 전혀 다른 차원이었을 테니 말이다. 물론 이번이 할머니의 마지막 한국 방문은 아닐 것이었다. 하지만 어느덧 노년이 된 그들이 다음 만남을 쉽게 기약하기란 결코 쉬운 일은 아니었을 것이다.

 그렇게 할머니를 태웅하고 돌아오는 길에 여러 가지 생각이 들었다. 시간만 흘렀을 뿐 할아버지, 할머니도 결국 마음속에 소년, 소녀를 가지고 있었다. 여러 이유로 그들은 먼 곳에서 각자의 여생을 보내고 있지만 그래도 가족은 가족이었다. 그렇게 생각하니 여행 중에 가능하다면 미국을 꼭 한번 들르고 싶어졌다. 손자로서 할머니를 찾아뵈어 또 다른 추억을 만들어 드리면 좋겠다는 생각이 들었다. 그렇게 짧은 결심을 한 지 9개월이 흘렀고 진짜로 나는 미국에 도착했다. 아시아, 아프리카, 유럽을 거쳐 북아메리카, 할머니가 계신 곳 미국에 입성한 것이다. 진짜 미국에서 미국 할머니를 뵙는다니 감회가 새로웠다.

할머니는 동네 이웃인 지미 부부께 부탁해 함께 차를 타고 터미널에 나를 데리러 오셨다. 그녀는 쿨하게 웃으시며 나를 맞아주시고는 아침을 먹으러 가자고 하셨다. 지미 부부께도 인사를 드렸다. 할머니의 이웃인 만큼 인상이 푸근하고 좋은 분들이었다. 내린 곳은 미국 영화에서 한 번쯤 본 것 같은 길가 레스토랑이었다. 전봇대같이 생긴 긴 회색 봉에 빨간색 간판이 당당히 붙어 있었다. 실내로 들어가니 많은 사람이 테이블에 앉아 수다를 떨거나 신문 따위를 보며 식사를 하고 있었다. 자리에 앉으니, 한 종업원이 약간의 리듬을 타고 걸어와 주문을 하겠냐고 툭 하고 물었다. 할머니는 밤새 오느라 배가 고플 테니 Hungry man Set을 먹으라고 하셨다. 빵과 소시지, 계란 프라이와 커피까지 어쩌면 흔히 먹어본 아메리칸 스타일인데도 미국에서 먹으니 괜히 다르게 느껴졌다.

식사를 마치고 체리 힐에 있는 할머니 댁에 왔다. 대중교통을 타고 집에 올 수 있다고 생각했던 것이 참 무색하다고 느낄 정도로 미국은 땅이 넓은 나라였다. 일상생활을 하기 위해서는 차가 필수였다. 할머니는 한국처럼 집 앞에 바로 슈퍼가 있는 게 아니고, 뭘 사려면 차를 타고 몇 분씩은 가야 한다고 했다. 집들도 마당을 갖추고 서로 널찍하게 떨어져 있었다. 보통의 한국 주거 공간과는 달라도 참 달랐다. 할머니 댁 또한 거실부터 부엌 그리고 여러 개의 방까지, 혼자 쓰시기엔 굉장히 넓다는 생각이 들었다. 그러자 그녀는 웃으시며 이 정도 집은 미국에서 작은 거라고 하셨다. 지금이야 혼자 사시지만, 남편, 자녀와 살 때를 생각하면 또 엄청나게 큰 집은 아니었다.

할머니께서는 스테이크뿐만 아니라 LA 갈비, 김치 등 다양한 음식을 준비해놓으셨다고 했다. 모든 음식이 반가웠지만, 특히 한국 음식들을 먹을 수 있다는 것이 감격스러웠다. 여행 중에 이렇게 귀한 대접을 받기란 참 어려운 일이었다. 1년 중 가장 추운 달인 1월, 겨울의 여행자로서 언제나 실내의 따뜻함을 그리며 유랑했다. 모든 동물과 자연에, 겨울은 시련의 시간이다. 차디찬 겨울에는 바깥에 있는 존재들에게 그리 큰 힘이 되어주지 못한다. 그렇기에 따뜻한 실내에서 따뜻한 음식을 먹는 것은 꿈 같은 일이었다. 그런데 할머니 댁에 오니 따뜻한 집이 있고, 또 따뜻한 음식이 넘쳤다. 나도 모르게 그간 경직되어 있던 몸과 마음이 사르르 녹았다.

약 일주일간을 집에서 할머니와 이야기를 나누기도 하고, 또 때로는 근교 여행도 다니면서 지냈다. 할머니의 일상을 조금 더 알고 싶어 함께 교회에 가보기로 했다. 교회에는 수많은 한국인 할머니, 할아버지들이 있었다. 미국이라는 나라에 이렇게 많은 한국인이 있는 것이 참 신기했다. 여기가 미국이 맞나 싶

147

을 정도였다. 영화 등의 매체의 영향인지 몰라도 미국이라는 나라를 그저 백인이 많은 곳으로 인식했었다. 그런데 직접 와보니 이곳저곳에 정말 다양한 인종들이 있었다. 왜 영화에는 주로 백인만 나오는지 의아할 정도였다.

 할머니는 70년대에 남편분과 함께 이곳에 와 카페테리아를 운영하시며 자식분들을 낳고 키우셨다. 그때에는 동양인에 대한 인식도 거의 없어 어려움이 정말 많았다고 하셨다. 어떤 사람들은 인간적인 대우를 하지 않기도 했다고 한다. 그래도 할머니는 먼 타지에서 여러 어려움을 이겨내며 멋지게 생계를 유지하고 자식분들을 키워내셨다. 전쟁의 구렁텅이에서 평범한 가족으로서의 온전한 삶을 이루기까지, 할머니에게 이주는 어쩌면 기적 그 자체였을지도 모른다. 그리고 교회는 그 기적을 이뤄준 할머니의 멋진 동반자였다.

 할머니는 친구분들께 나를 소개해주었고 나는 한 분 한 분 인사를 드렸다. 몇몇 분은 동두천에 계시는 나의 할아버지, 할머니 또한 알고 계셨다. 동두천과 미국이 문득 참 가깝게 느껴지는 순간이었다. 조금 어색했지만 어렸을 적 친구를 따라 교회에 갔던 때를 기억하며 예배를 드렸다. 예배를 마친 후에는 근처 순두부찌개 맛집에서 지인분들과 함께 식사했다. 할머니는 지인분들께 나의 여행을 이야기하셨다. 덕분에 어색

할 수 있었던 자리어서 이야기꽃을 피울 수 있었다.

오후에는 지인 댁에서 예배 행사가 열렸다. 할머니의 친구분들과 함께 식사도 하며 예배를 풍요롭게 마쳤다. 예배가 끝난 후에는 한 할아버지의 주도로 여행 발표까지 하게 되었다. 내가 다녀온 나라들과 특히 인상 깊었던 나라들의 이야기를 차근차근 그들에게 들려주었다. 아이 같이 초롱초롱한 눈빛으로 새로운 것들을 경청하는 그분들의 모습이 귀여으면서도 멋있었다. 호기심을 가지는 것만큼 살아있음을 온전히 느끼는 방법이 또 있을까? 어른이 되면 자연스레 호기심을 잃게 된다고 생각했지만 모든 이가 그런 것은 아니었다.

호기심, 어쩌면 그것도 삶의 습관이 아닐까? 발표를 경청하는 노인분들의 눈망울이 아직도 기억이 난다.

10일이 쏜살같이 흘렀다. 추억을 드리러 왔는데, 이것저것 계속 받기만 했다. 그래도 며칠 간 할머니와 지내면서 할머니의 가족들 이야기, 할아버지 옛날이야기들을 들었다. 아직 냉장고에 먹다 남긴 음식들이 많은데도 할머니는 마지막 식사니 외식을 하자며 나를 끌고 나가셨다. 첫날 만났던 지미 부부도 함께 했다. 마지막으로 식당에서 할머니와 사진을 찍고, 집에 와 배낭을 챙겼다. 그간 잊고 있던 배낭이 아주 무겹게 느껴졌다. 정말 내 집이라고 느끼며 할머니 댁에 있었나 보다.

 이곳에 언제 다시 올 수 있을까를 생각하며 할머니 댁을 찬찬히 눈에 담았다. 하얀 대문과 벽돌집, 그리고 그녀의 손길로 놓은 작은 화분들과 울타리까지. 지미 할아버지가 나를 태우러 다시 집 앞에 오셨다. 나는 할머니와 포옹을 하고 차에 몸을 실었다. 그나마 위로가 되는 것은, 할머니 부탁 덕에 다른 나라가 아닌 뉴욕 근처 삼촌 댁으로 가게 된 것이다. 단번에 멀리 떠나는 것보다 그리 멀지 않은 곳에 있을 수 있다는 것이 심적으로 훨씬 편했다. 그래도 헤어짐은 언제나 먹먹했다.

 가족이란 무엇일까? 내 정체의 일부인 사람들이자 나의 시작점인 사람들. 무엇보다 나를 보듬어주는 사람들. 그리고 철이 들었다는 건 그 사랑을 당연하지 않게 여길 줄 아는 것이다. 그렇기에 추운 겨울에 할머니를 뵈어서 더 다행이었고, 아직 철이 완벽하게 들지는 않았지만 TV 속 미국 이미지에 나만의 작은 흠집을 낼 수 있어서 감사했다.

● 에피소드 20

 미국 할머니 덕에 뉴저지에 있는 동화 삼촌 댁에 2주간 머물게 되었다. 삼촌 댁은, 맨해튼과 강 하나를 두고 있는 뉴저지 팰리세이즈 파크라는 마을에 있었다. 버스를 타고 30분만 가면 곧장 타임스퀘어에 가까운 Port authority 터미널에 내릴 수 있었다.

 물가 비싼 뉴욕을 이렇게 가까이 즐길 수 있다니 정말 감사했다. 하지만 쪼들리는 여행 예산에 매일 맨해튼에 나가기는 어려웠다. 왕복 9달러씩 드는 교통비도 문제였거니와 어디에 들어가려 해도 꽤 비싼 돈을 내야 했기 때문이다. 그 유명한 센트럴 파크에서 시간을 보내고 싶어도 2월의 날씨는 너무나 혹독했다. 하지만 이 정글 같은 맨해튼에서도 따뜻하게 시간을 보낼 한 줄기 빛이 있었는데, 그것은 바로 미술관이었다.

 금요일은 뉴욕 국립 미술관의 무료 개관일이었다. 오후 4시부터 무료입장이라 미술관 앞 도서관에서 시간을 보내다 푸드 트럭에서 할랄 음식을 사 먹었다. 딱히 실내에 먹을 공간도 없어 밖에서 벌벌 떨며 늦은 점심을 해치웠다. 나름 따뜻했던 쌀알들이 중반을 넘어가자 차갑게 식기 시작했다. 3시쯤이 되니 사람들이 미술관 앞에 줄을 서기 시작했다. 이에 질세라 나도 곧바로 그 뒤를 이었다. 음악을 들으면서 추위를 버티다 4시 정각에 맞추어 미술관으로 들어갔다. 우르르 들어가는 인파 속에서 나는 곧장 5층으로 향했다. 왠지 사람들이 아래층을 먼저 볼 것 같았다.

 그런데 올라가다 길을 잘못 들어 4층 현대미술관부터 보게 되었다. 미술에 박학한 편은 아니라 오히려 더욱 부담 없이 작품들을 대했다. 게다가 현대미술이라 그런지 작품들도 굉장히 자유분방했다. 형태도 의미도 설명을 읽지 않으면 알 수 없었다. 나중에는 영어로 된 설명을 읽기도 피곤해 더욱 내 마음대로 작품들을 감상했다. 한 바퀴를 쭉 돌고 곧장 5층으로 올라갔다. 그런데 웬걸, 사람들이 바글바글했다. 알고 보니 이곳은 인상주의 관으로 반 고흐, 피카소부터 모네, 마티스, 칸딘스키까지 유명한 화가들의 작품이 있었다.

 여러 나라의 미술관을 다니며 눈동냥을 했던 것들이 있어서 그런지 인상주의 작품들은 꽤 익숙했다. 인상주의 또한 전통적인 미술 양식을 거부한 꽤 과격적인 예술운동이었다. 그럼에도 화가들의 화풍이 어느 정도 정립이 되어서인지, 현대미술 작품들보다는 난해함이 덜했다. 무엇보다 순간의 인상을 중심으로 그려진 작품들이 많아서 시각적으로도 대력적이었다. 특히나 반 고흐, 모네 등 질감을 강조한 작품들을 가까이 또 멀리서 수차례 보고 나면 묘한 소름 같은 것이 느껴지기도 했다. 그들의 주관이 나의 주관과 섞이는 기분이랄까?

 그렇게 보다 보니 작품뿐만 아니라 작품을 바라보는 다른 사람들의 모습에도 눈길이 갔다. 지금 저 사람들은 그림을 보며, 때로는 직접 그리기까지 하며 무슨 감정을 느낄까. 지금 보고 있는 저 그림이 저들의 삶에 어떤 자양분으로 자리 잡을까. 작품이 만약 살아있는 생물이라면 매일 심심하지는 않을 것 같았다. 하루도 같은 날 없이 매일 다른 사람들이 이곳에 와, 작품과 교감하고 각자 다른 영감들을 가져갈 테니 말이다.

 일주일하고도 며칠이 흘렀다. 매일 맨해튼에 가기가 부담스러워 며칠은 그냥 근처 카페에 앉아 미술 관련된 정보를 찾아보거나 망상에 젖곤 했다. 따뜻한 집에 있으니 몸이 편해진 걸까? 다시금 우울한 감정들이 올라오기 시작했다. 여행하면서도 종종 저 우울함이 내 머릿속을 뒤집어 놓았다. 그리고 그 우울함의 주제는 대부분 죄책감이었다. 지구 반대편 한국에 있는 친구들에게 채팅방으로 죄책감을 평소에 느끼느냐고 물어봤다. 친구들은 그렇게 많이 느끼는 것 같지 않았다. 나에게는 나의 어두운 면을 담아줄 그릇이 좀 모자라 보였다.

 잡념을 거두기 위해 미술 정보를 다시 찾기 시작했

다. 미술관에서 인상 깊게 보았던 작품과 화가들에 관한 이야기를 알고 싶었다. 이름부터 헷갈리는 모네와 마네부터 어느 미술관에 가도 항상 눈길을 끄는 그림을 그리는 마티스, 타히티 섬을 가보고 싶게 만드는 고갱, 그리고 말이 필요 없는 고흐, 피카소까지 한 명 한 명 그들의 스토리를 읽는 것이 나름 재미있었다. 그렇게 시작된 미술 공부는 인상주의를 지나 앤디 워홀, 키스 해링까지 조금씩 조금씩 현저에 가까워졌다. 유럽에서 시작된 나의 호기심이 미술사를 타고 결국 지금 이곳 미국으로 돌아온 것이다. 그런데 그때 불현듯 나의 여행을 시작하게 한 한 화가가 머리를 스쳤다.

아 맞다, 여기는 미국. 그리고 내 여행의 시작에 큰 영향을 미친 화가는 바로 장 미셸 바스키아. 그리고 그가 활동했던 지역은 뉴욕 브루클린! 며칠 동안 뉴욕에 다니면서 단 한 번도 브루클린에 가보지 않았다. 인상주의에서 갑자기 장 미셸 바스키아 그리고 브루클린이라니? 이를 설명하기 위해서는 시간을 조금 더 거슬러 올라가야 한다. 때는 2015년 한 교양 수업을 들으면서부터 시작된다.

군 전역 후 첫 학기였다. 설레는 마음으로 유럽 건축 기행이라는 교양을 들었는데, 그때 교수님은 학생들에게 꽤 오묘한 과제를 내주었다. 과제인즉, 자신만의 여행 테마를 짜보라는 것이었다. 남들이 좋아해서 하는 그런 여행이 아니라 정말 자신만의 여행을 말이다. 그는 그것이 생각보다 쉬운 일이 아닐 것이며, 우리 대부분은 종종 남의 생각을 자신의 것으로 착각하며 산다고 말했다. 음, 나만의 여행이라.. 처음에는 쉽다고 생각해서 이것저것 아이디어를 내보았는데 곰곰이 생각해보니 정말 남들이 좋다고 하는 것투성이였다. 나만의 것이라. 정말 어려운 질문이었다.

실마리를 찾기 위해 나밖에 모르던 시절인 어렸을 때를 돌아보았다. 남의 시선 보다 나의 시선에 온전히 몰입하던 때 말이다. 곰곰이 생각해보니 한 가지가 떠올랐다. 그때의 나는 그림 그리는 걸 좋아했고, 그중에서도 내 마음대로 그릴 수 있는 낙서를 좋아했다. 낙서는 정물화, 초상화 같은 그림과 다르게 무언가를 따라 그릴 필요가 없었다. 그냥 내 무의식에 따라 무엇이든지 될 수도 있고 아무것도 안 될 수도 있었다. 그것은 아무도 방향을 예측할 수 없는 나만의 고유한 영역이었다.

그럼 낙서를 주제로 여행을 가보자. 그렇게 주제를 정하고 계획을 세웠다. 먼저 낙서에 관련한 정보들을 수집했다. 자신만의 낙서로 가치를 만들어낸 사람들이 있을까? 그 물음에서 나온 대답이 바로 장 미셸 바스키아였다. 검은 피카소라는 별명을 가진 그는 자신만의 낙서로 예술의 반열에 오른 천재였다. 어떠한 방향을 따르기보다 본인이 그리는 그 자체로 가치를 드러내었다. 그렇게 나는 무방향 그리고 바스키아를 주제로 과제를 냈고 A+를 맞았다. 그 A+는 20더가 되고 처음 스스로 답을 찾아낸 증표 같은 것이었다.

뉴욕에서의 마지막 날 나는 떨리는 마음으로 브루클린 미술관에 갔다. 드디어 잠시 잊고 있었던 그를 이곳 브루클린에서 잠시나마 마주하게 된 것이다. 붉은 갈색의 벽돌과 회색의 시멘트로 이루어진 건물들이 가득한 브루클린에서 마치 옛 인연을 만나는 심정으로 그의 흔적을 따라갔다.

전시 입구에는 그의 이야기들이 담긴 다양한 글과 사진들이 있었다. 그의 이야기를 찬찬히 읽고 본격적으로 작품을 보러 들어갔는데 그의 작품이 딱 하나뿐이었다. 그런데 그 한 작품이 웅장하리만큼 컸다. 하나라고 해서 전혀 아쉬운 마음이 들지 않았다. 오히려 시간도 없는데 잘 될 것 같은 기분도 들었다. 1시간가량을 작품 앞에 서서 최대한 그를 느꼈다. 사실, 별 심오한 생각을 한 건 아니었다. 그저 물감의 질감을 따라 그가 그렸던 과정을 내 마음대로 복기해보았다.

주관적인 바스키아의 그림, 아니 낙서 덕분에 나도 마음대로 그림을 느낄 수 있었다. 마음대로 한다는

157

것. 그것은 내가 무언가를 직접 이끌어 보는 것이다. 어디로든 흐를 수 있는 무언가를 잠시나마 내 것으로 만드는 것. 이를 통해 우울도 권태도 내 것이 될 수 있을까? 잘 모르겠지만, 연습은 해봐야겠다.

- 따뜻한 곳에만 들어가면 생각을 낭비했던 뉴욕에서

● 에피소드 21

 몸이 하는 기억은 머리가 하는 그것보다 때로는 더욱 강렬하다. 머리는 많은 것을 기억해 낼 수 있지만 많은 만큼 서로 뒤섞여 원본을 훼손시키기도 한다.

 에콰도르의 수도 키토에서의 네 번째 날이었다. 바깥에 나오면 항상 이질적으로 느꼈던 것은 바로 도시를 둘러싼 높은 산들과 안개였다. 해발 2,850m에 위치한 키토는 그 자체로 꽤 높은 고산 도시였다. 누군가는 이 높이에서 약간의 고산병 증세를 겪기도 한다고 했지만, 다행히 나는 별 탈이 없었다. 평일 오후, 공원에서 젬베 리듬에 맞춰 춤을 추는 사람들과 열심히 공을 차고 노는 사람들을 보고 있으면 이곳이 고산이라는 것을 더 쉽게 잊을 수 있었다.

 그래서 고산을 더 느껴보고 싶었다. 마침 전날 만난 에콰도르 친구 데이비드와 칠레 친구 나쵸가 피친차산에 가자고 하여 함께 오르기로 했다. 피친차산은 키토 근처에 있는 해발 4,784m의 산이었다. 걸어 올라가는 것은 아니었고 텔레페리코라는 케이블카를 타고 갈 것이었다. 친구들을 만나 인사를 나누고 함께 텔레페리코 승차장으로 갔다. 남산 케이블카와 비슷했지만, 높이가 전혀 달랐다. 초반에는 키토의 시내가 보였지만 조금 더 오르자 안개가 진해져 전경을 전혀 볼 수 없었다. 구름 위로 올라가는 기분이었다.

 피친차 산 위에 도착하고 나니 머리가 핑하고 돌았다. 정말 그 산지대에 왔구나 싶었다. 울창한 숲들은 다 어디 가고 고대 생물 같은 축축한 식물들이 눈앞에 펼쳐졌다. 우리는 각자 나라에 대해 이런저런 이야기를 하며 산책로를 걸었다. 걷다 보니 몸이 조금 붓는 느낌이 들었다. 고산에서 일생을 보낸 데이비드는 나와 나쵸에게 괜찮으냐고 물었다. 바닷가에 사는 나쵸 또한 이런 고산은 처음인지 어지러움을 호소했다. 나도 입술이 얼얼한 느낌이 들어 이야기를 마치고 금방 내려가기로 했다.

 텔레페리크를 타고 내려가니 다시 키토 시내가 보였다. 마치 시내에 안기는 기분이었다. 또 고도가 낮아지면서 내 몸속의 피도 다시 빠르게 돌기 시작했다. 피가 빠르게 도니 졸도 솔솔 왔다. 고도의 차이가 생각보다 엄청나다는 것을 몸소 느끼는 순간이었다. 어지러움을 좀 깨기 위해 전통시장에 가 선지 해장국 비슷한 현지 음식을 먹었다. 데이비드는 에너지 보충도 하고 몸에 좋을 것이라고 했다. 든든하게 한 뚝배기를 먹으니 몸이 더 나른해져 일찍 숙소로 들어가기로 했다.

숙소에 들어가기 전에 맥주 한 병과 삐따하야라는 과일을 사서 들어갔다. 몸도 나른한 겸 맥주 한 잔을 하고 일찍 잠자리에 들 생각이었다. 용과 처럼 생긴 노란색 삐따하야는 맛이 은은하게 달콤해서 내 입맛에 딱 맞았다. 딱히 배는 고프지 않으니 삐따하야와 맥주를 가볍게 마시고 잠을 청하기로 했다. 역시나 삐따하야는 달콤했고 그에 곁들인 에콰도르 맥주 또한 청량했다. 그런데 이상하게 오늘따라 맥주의 취기가 평소보다 더 빠르게 올랐다. 물을 좀 맞으면 괜찮아질 거라 생각에 샤워하고 침대에 누웠다. 그런데 웬걸! 숨이 더 거칠게 나왔다. 패닉이 온 것처럼 가슴이 안정되지 않고 더 답답해졌다. 물을 마셔보기도 했지만, 효과가 없었다. 불안했다.

 결국, 견디다 못해 숙소 주인분을 깨워 고산 약을 먹고, 가지고 있던 핀으로 손가락 열 개를 다 땄다. 손을 다 따고 나니 속이 조금 가라앉는 기분이 들었다. 주인분은 여기가 그렇게 높지는 않아도 고산은 고산이라 술 분해가 잘 안 될 수 있다고 했다. 맥주 한 잔도 버거운 곳이라니 새삼 고산지대에 온 것을 실감했다. 눈으로는 확인할 수 없는 산소의 영향력을 온몸으로 느꼈다. 앞으로의 고산 일정들이 걱정되었지만 술만 마시지 않으면 되지 않을까 하는 생각으로 다시금 잠을 청해보았다.

이틀 후, 해발 5,000m 이상의 코토팍시 화산에 오르기로 했다. 그저께 맥주 한 잔을 마시고 느꼈던 고산증세 때문인지 산을 오르는 게 두려웠다. 너무 두려운 나머지 남미 경험이 있는 지인 형에게 메시지를 보내 걱정을 토로했다. 형은 힘들면 바로 내려오면 되니 부담을 내려놓으라고 했다. 맞는 말이었다. 지레 겁을 먹고 포기를 할까 생각도 했는데 해보지도 않고 포기를 하는 것은 그야말로 정말 포기였다. 굳이 무리할 필요는 없지만 안 해볼 이유는 또 없다는 생각으로 다음 날 아침 버스에 올랐다.

 중간에 내려 아침을 간단하게 먹고 다시 구불구불한 산길을 올랐다. 해발 4,600m. 이곳이 오늘 등산의 첫 시작점이었다. 머리가 조금 띵했지만, 몸 상태가 생각보다 괜찮았다. 미리 사놓은 물과 초콜릿을 다시 한 번 확인하고 한 걸음씩 코토팍시 산을 오르기 시작했다. 한국인 동행 형은 산소 부족을 전혀 느끼지 못하는 사람처럼 성큼성큼 발을 내디뎌 멀리까지 갔다. 조바심이 났지만, 이곳은 그런 사사로운 감정 따위가 끼어들 자리가 없었다. Listen your body. 욕심이 몸을 앞서가서는 안 됐다. 당장 한 걸음, 여유가 있다면 그다음 걸음 정도 집중하는 것이 최선이었다.

 산행은 생각했던 것보다 어렵지 않았다. 생각을 너무 과하게 했다는 생각이 들었다. 천천히 걷다 보니 베이스캠프가 나왔다. 벌써 정상이라는 게 의심이 들었지만 도착한 사람들이 에콰도르 깃발 옆에서 사진을 찍고 있는 것을 보니 맞는 것 같기도 했다. 생각보다 이른 성공에 신이 난 나도 줄을 기다려 사진을 찍었다. 그런데 표지판에 적혀 있는 숫자는 4,864m. 알기로는 5,000m가 넘는다고 했는데 무언가 이상했다. 진작 도착해 나를 기다리고 있던 동행 형은 이곳이 중간 대피소라고 했다. 그럼 그렇지. 속으로 욕이 살짝 나왔지만, 온 만큼만 더 가면 되기에 불평은 넣어두고 걸음을 재빨리 옮겼다.

 올라가면 갈수록 식물은 줄어들고 돌과 흙무더기만 보였다. 걸음을 걷기 시작한 이후에 한걸음에 이렇게 심혈을 기울인 적이 있었을까? 걸음마를 걸었을 때가 기억이 나지는 않으니 어쩌면 내 기억 상의 첫 경험일지도 몰랐다. 그렇게 신중하게 걷다 보니 멀리 사람들이 보였다. 긴 머리를 질끈 묶은 에콰도르 가이드는 힘을 내라며 손짓으로 응원했다. 머리가 띵하고 정신이 혼미했다. 하지만 그때 구름이 걷히며 눈앞에 5,100m의 만년설이 모습을 드러냈다. 구름에 가려서 못 볼 수도 있었던 만년설 앞에 드디어 도착하다니 감격스러워 웃음이 절로 났다. 절대 오르지 못할 것처럼 생각했던 내가 두 발로 이곳에 온 것이 꿈만 같았다. 나는 이 행복을 최대한 만끽하고 싶어 점프 샷 사진도 찍고 멍하니 풍경을 바라보기도 하였다.

하지만 간년설 앞에서 주어진 시간은 길지 않았다. 잠시 앉아 숨을 고른 후 다시 내려갈 준비를 했다. 올라갔던 것에 비해 내려가는 것은 허무하도록 빨랐다. 아까의 적이었던 중력이 갑자기 아군이 된 기분이랄까. 그러나 내리막길이 실은 더 위험한 법이었다. 게다가 단숨에 내려가고 싶은 조급함도 들었다. 마무리를 안 좋게 지을 수는 없었다. 산티아고 순례길에서 배운 지혜를 잊지 않고 내려갈 때도 한 걸음 한 걸음 힘을 주었다.

처음 산행을 시작했던 주차장에 도착하니 가이드가 미리 자전거를 준비해 놓았다. 여기부터 아래 호수까지는 자전거를 타고 도로를 미친 듯이 내려갈 수 있었다. 고산이라 기온도 낮고 산소도 부족해서 그런지 머리가 지끈지끈 아팠다. 하지만 정상을 보고 온 자로서 중력이 주는 선물을 놓칠 수 없었다. 적당히 튼튼해 보이는 자전거 하나를 골라 아래로 미친 듯이 내달렸다. 탱탱한 고무바퀴가 아스팔트 바닥을 시원하게 갈랐다. 냉수 같은 바람에 두통이 씻겨 내려갔다. 고도로부터의 긴장감 넘치는 탈출이었다.

그렇게 가장 겁을 냈던 하루가 순식간에 지나갔다. 겁은 왜 날까? 경험에서 오는 고통, 상처 따위의 부산물을 생각해보면 된다. 한 번의 실행이 안 좋은 결과를 가져오면 우리는 쉬이 고통 혹은 상처를 얻는다.

그리고 그것들이 머리나 가슴에 잔상으로 남아 겁으로 번진다. 그러면 어떻게 해야 겁이 없어질까? 글쎄, 잘 모르겠지만 우선 지금 있는 부산물들이 또 다른 실행을 막아서는 잔상이 되지 않도록 해야 하지 않을까? 과한 상상을 주의하자. 작은 상처조차 잔상으로 남으면 곤란하니까.

● 에피소드 22

 과거의 잘못들이 떠올라 괴로웠다. 세계 문화유산 도시 에콰도르 쿠엥카에서의 다섯 번째 날이었다. 며칠 동안 아름다운 이곳에서 평화로이 그림을 그리며 쉴 생각이었다. 그런데 너무 평화로웠던 게 문제였을까? 변하지 않을 과거의 일들에 며칠간 과몰입을 했다. 머리로는 그것이 무의미한 것을 알기에, 반성은 하되 자신을 비난하지는 말자고 다짐했지만, 생각처럼 쉽지 않았다. 더 좋은 사람이 되자며 스스로 격려하는 글을 어색하게나마 노트에 옮기고 침대에서 나와 겨우 하루를 시작했다.

 내가 묵는 숙소는 고작 6달러밖에 안 하는데 조식까지 줬다. 죄책감에 더 빠져있고 싶어도 조식 시간은 9시까지였기에 일단은 잠시 멈추어야 했다. 삐걱삐걱 소리가 나는 나무 계단을 밟고 옥상에 있는 부엌으로 어슬렁어슬렁 올라갔다. 물론 메뉴는 빵과 버터 그리고 바나나로 매일 고정이었지만, 커피와 차 정도는 고를 수 있었다. 하지만 카페인에 강하지 않아서 웬만하면 매일 차를 골랐다. 키가 큰 에콰도르 청년 스태프는 이제 나의 얼굴과 취향을 익혔는지, "Good morning, tea right?"라고 하며 여유로운 표정을 지었다.

아무리 좁은 것이더라도 이 먼 곳에서 나의 취향을 아는 사람이 있다는 건 기분 좋은 일이었다. 존재가 확인되는 기분이랄까? 나는 아침 인사와 함께 흐뭇하게 '예쓰'를 외치고 8인용 탁자 한자리에 앉아 조식을 기다렸다. 사람을 만나니 과몰입에서도 잠시 벗어날 수 있었다. 그런 김에 평소보다 더 든든하게 버터와 잼을 빵에 발라두었다. 게다가 오전에는 새로운 활동에 도전을 해보기로 했기 때문에 아침을 든든하게 먹어야 했다.

새로운 활동은 2주간의 스페인어 수업이었다. 비용이 만만치 않기는 했지만, 사실 그것도 이곳 물가에 비해 비싼 것이지 교육의 차원에서 그리 부담스러운 돈은 아니었다. 게다가 지금까지 절약을 이유로 꽤 많은 활동을 포기했기에 이번만큼은 자신을 위한 투자를 해보고 싶었다. 스페인어! 새 시작인 만큼, 화창한 날씨를 맞이하고 싶었지만, 밖에서는 추적추적 비가 내렸다. 우산을 쓴 채 실개천을 따라 20분을 걸어 Spanish Institute라는 학원으로 갔다. 심하게 삐걱거리는 계단을 타고 사무실로 올라가니 두 여성분이 웃으며 나를 맞이했다.

한 분은 사무원이었고, 한 분이 나를 가르쳐줄 훌리아 선생님이었다. 엄마뻘로 보이는 훌리아 선생님은 환한 미소로 인사하며 나를 교실로 안내했다. 교실에는 세월을 묵은 나무 책상과 의자가 몇 개 놓여 있었다. 학원이 작아도 학생들 몇 명은 있을 줄 알았는데 사람이 없는 시즌이라 1:1로 수업을 듣게 되었다. 처음 배운 것은 당연히 인사였다. 서로의 벽을 허무는 첫 번째 능동적 행동.

Hola! Buenos Dias, Buenas tardes, Buenas noches! Como estas?
안녕, 좋은 아침, 좋은 오후, 좋은 저녁이야! 잘 지내?

4개월 전 산티아고 순례길에서 수없이 들었던 인사들을 이곳 쿠엥카에서 다시 만났다. 마치 선행학습이라도 하고 온 것처럼 괜히 뿌듯했다. 여느 첫 수업이 그렇듯 서로 친해지기 위해 이런저런 사담을 하며 첫 만남에 필요한 말들을 자연스럽게 습득했다. Como estas? 당분간 안부 인사를 할 선생님, 아니 친구가 생겼다. 그런 만큼 앞으로 잘 지냈으면 좋겠다고 생각했다.

그런데 이틀 후 저녁, 갑자기 몸에 열이 올랐다. 감기 기운이 있나 싶어서 근처 약국에서 감기약을 사 먹고 일찍 잠이 들었다. 초반에는 좀 괜찮아지나 싶었는데 밤새 약발이 다 떨어졌는지 몸이 쑤시고 오한이 들었다. 스페인어 수업을 들으러 가야 하는데 약발만 떨어지면 몸이 떨렸다. 결국, 훌리아 선생님에게 감기에 걸려 학원에 가지 못할 것 같다는 메시지를 보냈다. 우울의 늪을 깨고 다양한 활동을 해보기로 마음을 먹었는데 몸이 말을 듣지 않았다.

 이불을 덮고 온종일 누워 있으니 다시금 생각만 무분별하게 흘러나왔다. 여행을 왔음에도 종종 답답했다. 그리고 그 원인을 나 자신에게 돌리며 더 작아졌다. 행복할 이유가 수두룩한데도 마치 행복해서는 안 될 이유를 찾듯 크고 작은 잘못들을 꺼내어 나 자신을 비난했다. 몸이 좋지 않으니 내 자아도 같이 약해져 버렸다. 머릿속 박쥐 같은 생각들을 워이하며 내쫓기엔 손을 들 힘도 없었다.

 빨리 나아야 한다는 생각으로 꾸준히 약을 먹어서 그런지 다음날 정말로 몸이 조금 나아졌다. 토요일이라 수업은 가지 않고 혼자 라운지에 앉아 배웠던 것들을 복습했다. 그때 한 아저씨가 내게 인사를 건네며 잠시 앉아도 되겠느냐고 물었다. 회색빛이 도는 장발의 머리를 질끈 묶은 그는 내게 포근한 미소를 지었다. 그는 현재 스페인에서 이란 전통 악기와 춤을 다루는 뮤지션이고 이곳에는 잠시 여행을 왔다고 했다.

 희한한 사람이라고 생각을 하고 있을 즘 그는 내게 뚜리 전망대에 가보았느냐고 물었다. 뚜리 전망대는 쿠엥카의 전경이 다 보이는 곳이었다. 한번 가보고는 싶었지만, 딱히 동행도 없고 몸도 좋지 않아 갈 엄두를 못 내고 있던 참이었다. 아직 못 가봤다고 하니 그는 내일 뚜리 전망대에 함께 다녀오는 것이 어떠냐고 물었다. 마침 몸도 회복되고 있고 감정에 대한 환기도 필요했기에 흔쾌히 그의 제안을 수락했다. 오랜만에 나들이 나가는 김에 몸이 더 나아지길 마음속으로 소망했다.

다음 날 조식 시간에 그에게 인사를 하고 만날 시간을 정했다. 참, 그의 이름은 마지드였다. 전날에 이미 그가 알려주었지만, 기억이 가물가물해 다시 한번 이름을 물어봤다. 우리는 외출 준비를 마치고 뚜리 전망대로 향했다. 조금 찌뿌둥한 것 빼고는 몸 상태가 나쁘지 않았고 다행히 날씨도 좋았다. 마지드 아저씨는 택시 안으로 떨어지는 햇살을 맞으며 내게 이란 전통 춤인 수피에 대해 소개했다.

수피의 철학은 세상 모든 것은 돈다는 것에서 시작한다. 세상이 돌기 때문에 나 또한 그에 맞춰 돌면 세상과 일치할 수 있다는 내용이었다. 물론 그게 정확한지는 모르지만 내가 이해한 바로는 그랬다. 그렇기에 세상과 하나가 되면 아무리 돌아도 어지럽지 않을 수 있다고 했다. 그가 보여주는 영상으로 확인을 해보니 수피 춤은 정말 잘 돌면 그만인 춤 같았다. 그런데 도는

데 어지럽지 않다니? 차분하고 자신 있는 어조로 말하는 그의 모습에서 예술가의 아우라가 느껴졌지만, 그 철학만큼은 솔직히 긴가민가했다.

그러는 사이 택시는 뚜리 전망대에 도착했다. 붉은색의 지붕을 가진 집들이 햇살을 받아 밝게 빛나고 있었다. 얼마 만에 보는 넓은 풍경이었을까. 그동안 게스트하우스 2층 침대에 누워 천장을 보는 것이 나의 시야 전부였다. 마지드 아저씨와 함께 사진도 찍으며 좋은 날씨를 만끽했다. 그는 날이 좋은 김에 전망대 뒤쪽 마을을 함께 산책하자고 했다. 어렸을 적 아빠와 곤충채집을 하러 뒷동산에 나가는 기분이었다.

마지드 아저씨는 내게 요즘 어떤 생각을 하며 사냐고 물었다. 기분 탓인지 모르겠지만, 그가 마치 나의 근심을 이미 알고 물어보는 것 같았다. 그의 질문에 나는 숨을 한번 고르고 지금의 답답함과 우울함을 그에게 전했다. 그는 차분히 나의 이야기를 들었다. 마치 여태껏 내가 이야기하길 기다렸던 사람처럼 말이다.

Help yourself.

나의 이야기가 끝나갈 때쯤 그가 조용히 한마디를 던졌다. Help yourself, Kim. 그는 세상에 완벽한 사람이란 존재하지 않는다고 했다. 본인에게 고통을 주는 그

사건 자체를 그대로 받아들이면 좋을 거라고 했다. 받아들이고 반성하고 앞으로 더 나은 사람이 되면 된다고 했다. 그저 일방적으로 자신을 해치는 것은 누구에게도, 어느 쪽으로도 도움이 되지 않는 일이었다. 난 생처음 듣는 말은 아니었지만, 지금의 상황에서 직접 누군가한테서 들으니 꽤 특별하게 다가왔다.

산책을 마치고 돌아와 잠시 쉰 후 그에게 수피 춤을 배웠다. 해가 하늘을 노랗게 물들일 때였다. 숙소 옥상에서 그는 내게 기초적인 설명을 해주었다. 생각을 비우고 한쪽 다리에 중심을 잡는다. 그 발을 중심으로 다른 발을 디디며 회전한다. 그는 몇 바퀴를 거침없이 돌았다. 그러고는 전혀 어지럽지 않다는 듯 멈추어 이것이 수피 춤이고 한 가지의 명상법이 될 수 있다고 했다. 그의 설명이 끝나고 수피 춤에 도전했다. 생각을 비우는 것부터 어려웠다. 그래도 내 나름대로 동작에 집중해서 중심을 잡고 돌았다. 한 바퀴, 두 바퀴... 오, 정말이지 굉장히 어지러웠다. 어지럽지 않을 것이라 믿은 후에 느끼는 어지러움은 더 강렬했다.

그는 내가 돌면서 두려움을 느낀 것 같다고 했다. 흠, 그런 것 같기도 하고 아닌 것 같기도 했다. 그는 걱정이 있을 때마다 시도하면 좋을 것이라고 했다. 아직 가시지 않은 어지러움에 그의 말 절반 정도는 반대 귀편으로 굴러떨어져 나갔다.

다음 날, 마지드 아저씨는 떠났다. 떠나기 전 아침 그는 옥상에서 이란 전통 기타 연주를 선보여주었다. 화창한 쿠엥카의 하늘 위로 기타 선율이 부드러우면서 또 조금은 투박하게 흘렀다. 수피 춤도 다시 한번 춰봤는데 역시나 어지러웠다. 아침부터 어지럽기는 참 오랜만이었다. 아픈 몸이 나을 때쯤 도인처럼 나타나 내게 한 가지 울림을 던져준 그가 떠나니 꽤 헛헛했다. 그 감정을 약삭빠른 몸이 바로 알아챈 것일까. 괜찮을 것만 같던 몸 상태가 다시 안 좋은 기미를 보였다. 전처럼 약을 먹어도 효과가 없고 오한도 더욱 심해졌다.

열이 내리지 않았다. 아무래도 보통 감기가 아닌 것 같았다. 보통은 잠이라도 들면서 통증이 완호되기 마련인데 이날은 밤새 몸살 통증에 시달렸다. 별별 떨면서 새벽을 보냈다. 구역질까지 나기 시작했다. 결국, 곧장 데스크에 가서 근처 병원이 어디 있는지 물었다. 다행히 국립과 사립 병원이 둘 다 있었다. 그런데 국립병원은 싸서 이미 사람이 많을 거라고 했다. 직원의 말에 조금 고민을 하다가 사립 병원으로 가기로 했다. 오래 기다릴 자신이 없었다. 몇 걸음 걷기도 너무 어지러워 나가자마자 택시를 잡고 직원이 써준 종이를 기사에게 전해주었다.

내 통증을 설명할 정도로 스페인어를 배운 것은 아니

어서 내심 걱정이 되었다. 하지만 다행히 영어를 조금 할 줄 아는 간호사가 있어 곧바로 응급실로 가 링거를 세 통 맞았다. 링거 바늘이 몸에 계속 붙어 있는 것이 영 불편했다. 떨리는 몸이 괜찮아질 때까지 입술을 꽉 깨물며 기다리니 몸이 조금씩 풀리기 시작했다. 여행하는 11개월 동안 이렇게 아픈 적이 없었는데 처음 집으로 순간 이동을 하고 싶었다.

자고 일어나니 열이 떨어진 기분이 들었다. 힘 빠진 몸을 이끌고 침대에서 나와 의사의 설명을 들었다. 의사가 infection 어쩌고저쩌고했지만, 대부분이 스페인어라 정확한 건 알아들을 수가 없었다. 심한 장염 정도로 추측했다. 보험이 되지 않아 20만 원가량을 한번에 결제하고 병원을 나왔다. 불가피한 소비였지만 여행의 수명은 확실하게 줄어들 것이었다. 그래도 열이 나지 않으니 기분이 묘하게 좋았다. 하지만 열이 나지 않는 대신 화장실을 수없이 들락날락해야 했다. 세상에 공짜는 없다더니 링거로 죽인 모든 독소가 아우성을 치며 내 몸 밖을 떠나갔다.

그날 오후, 요르단, 이집트에서 여행을 함께했던 아름 누나와 일본인 친구 마코토가 왔다. 요르단 암만에서부터 페트라를 거쳐 배를 타고 이집트에 건너가기까지 고생을 함께한 동행들이었다. 그들이 오기 전에는 초췌한 모습을 보이기 싫어 마주하기 꺼렸는데 막상 그들을 보니 안도의 한숨이 쉬어졌다.

 그 이후 동료가 사준 과일만 조금씩 먹으면서 버텼다. 다른 음식을 먹으면 곧바로 화장실에 가야 했거니와 식욕조차 크게 들지 않았다. 며칠 동안 식욕이 들지 않는 상태는 처음이라 답답하면서도 신기했다. 스페인어 학원은 다시 나갔다. 훌리아 선생님은 특유의 밝은 에너지로 나의 텐션을 자연스레 높여주었다. 무슨 특별한 말을 해준 것은 아니었다. 그저 수업에 맞추어 일상적인 이야기들을 재미있게 늘어놓고 그와 관련한 질문을 했다. 여행 동료부터 선생님까지 현재 마주한 사람들에 집중하다 보니 부정적인 생각들의 화력이 조금씩 꺼져갔다.

 빠졌던 수업들을 보충하며 지내다 보니 벌써 수업의 마지막 날이 다가왔다. 2주의 마무리를 짓는 날. 마지막을 기념하여 찜닭과 부침개 요리를 선보이기로 했다. 학원 관계자분들과 아름 누나가 시간에 맞춰 학원으로 오기로 했다. 그전에 먼저 훌리아 선생님과 시장에 가 재료들을 사기로 했다. 요리에 필요한 재료 목록을 드리니 그녀는 이것저것 따져가며 필요한 재료들을 골라주었다. 어느덧 두 손에는 튼실한 닭고기와 싱싱한 채소들이 담긴 봉지가 쥐어 있었다.

 불이 조금 약했지만, 어찌어찌 요리를 완성했다. 맛

이 좀 싱거운 감이 있었지만 모두 맛있게 먹어주었다. 오랜만에 에너지를 크게 쏟고 나니 몸에는 힘이 없었다. 그래도 나의 일상에 작은 힘을 준 이들에게 무언가를 대접하니 마음은 뿌듯했다.

 학원을 마지막으로 나와 실개천을 걸으며 천천히 동네 풍경을 곱씹었다. 혼란스러운 마음을 다잡기 위해 학원에 처음 왔던 날을 떠올리며 일상과 조금씩 헤어졌다. 일상 속 반복되는 행동과 그 행동을 통해 맺어지는 관계 속에서 나는 특정한 성격을 가진 '누구'가 된다. 그 '누구'는 때론 나를 옥죄기도 하지만, 또 한편으로는 현재를 회피하는 내 고개를 다시 원래대로 돌려주기도 한다.

 왜 내 것을 행하며 그 자국을 만들어야 할까? 어쩌면 그것은 매일 겪는 게으름을 마주하게 할 힘의 원천이 될지도 모르기 때문이다. 'Help myself' 하자!

● 에피소드 23

 수직과 수평. 삶을 양극단으로 나누면 이렇게 두 가지로 나눌 수 있다. 어딘가 계속 올라가야 하는 수직의 삶 그리고 방향 없이 배회하는 수평의 삶. 나의 여행은 오롯이 수평의 삶일 거로 생각했다. 목적 없이 널브러져 배회하는 삶 말이다. 여유를 바랐다. 어떤 삶이 더 좋다고 말할 수 없지만 나는 균형을 잃은 상태였다. 실제로 여행을 하며 수평의 삶을 많이 누렸다. 아등바등하지 않고도 행복을 느낄 수 있었다. 하지만 하나만 존재하는 세상은 없었다. 양극단은 언제나 각자의 비율을 가진 채 현실 속에서 절묘하게 뒤섞였다.

수평의 삶
 페루의 고산도시 와라즈까지 한 번에 가기가 부담스러워 중간 휴식 지점으로 트루히요라는 바다 근처 마을에 들렀다. 트루히요에서는 아무것도 하지 않을 계획이었다. 해발 0미터에 가까운 낮은 마을에서 혼자 바닷바람이나 맞으며 엎어져 있을 생각으로 말이다. 여느 때처럼 저렴하고 실속있는 게스트하우스를 찾아 내 침대 하나를 마련했다. 여행을 계속하다 보니 누군가와 같이 쓰는 방이더라도 나만의 익명성을 즐기는 법을 체득했다. 오히려 도미토리를 혼자 쓰는 것보다 함께 쓰는 것이 더 가능하다고 느낄 정도였다.

그런데 웬걸! 밤을 새워서 숙소에 도착한 첫날, 악취가 나는 사람과 한방을 쓰게 되었다. 피로를 풀려고 잠시 누웠는데 냄새 때문에 도저히 쉴 수가 없었다. 좀 있으면 나가겠지 싶은 마음에 샤워하러 갔는데 엄지 두 개만 한 바퀴벌레와 눈이 마주쳤다. 실제로 그 녀석이 나를 본 지는 모르겠지만 나는 봤다. 아주 섬뜩했다. 순식간에 내 공간을 다 빼앗긴 기분이 들었다. 이 마을에선 이만한 숙소가 없는데. 큰일이었다. 복잡해지는 게 싫어서 일단 나가서 생각해보기로 했다.

 악취와 바퀴벌레에 떠밀려 동네를 정처 없이 걸었다. 바다 앞에서는 방랑하는 게 쉬웠다. 높은 경사도 없고 길을 잃더라도 어느 한 쪽이 바다라는 건 알기 때문에 안심이 되었다. 그렇게 동네 이곳저곳을 방랑하다가 한 현지인 친구를 만났다. 알고 보니 숙소 바로 옆 블록에 사는 친구였다. 그는 동네 친구를 만났다며 기뻐했다. 그와 적지 않은 시간을 보냈다. 계획에도 없는 일이었다. 나는 스페인어를 잘하지 못하고 그는 영어를 잘하지 못했다. 그렇다고 큰 문제가 될 건 아니었다. 서로 이해할 때까지 기다릴 수 있는 '여유'라는 것이 있었다.

 그 친구의 안내로, 광장에서 골목으로 또 골목에서 그의 단골집으로 우리의 공간을 누릴 수 있었다. 그와 시간을 보내니 내가 마치 이곳에 정착한 것 같은 기분이 들었다. 잠시 머무르는 자에게 사치일 수도 있는 이 정착의 감정이 한편으로 나를 약하게 만들었다. 나도 몰랐던, 혹은 외면했던 외로움이 해변 끝으로 닿아 파도처럼 길려왔기 때문이다.

 어렸을 적 사촌 집에서 며칠을 놀다가 집에 돌아오면 혼자 조용히 눈물을 흘리곤 했다. 그 추억의 감정은 여행 중간에도 종종 되살아났다. 수평의 땅에는 화살표가 명확하지 않아 만남과 헤어짐이 다 우연 같다. 그래서일까? 우연으로 내게 온 사람과 작별하는 날에는 마치 망망대해 위에 떨어진 것 같은 기분이 들었다. 그래도 그 기분 덕에 다음에 오는 인연이 더 고맙게 느껴지기도 했다.

 트루히요의 동네 친구를 떠나는 길이었다. 잠시 채워져 있던 빈자리를 눈물로 쓱 하고 씻어냈다. 내가 이렇게 빈 사람인지 몰랐다.

수직의 삶
 며칠 후, 와라즈 근처에 있는 해발 4,600여 미터의 69 호수에 갔다. 고산 지역을 올라가야 해서 마음가짐이 사뭇 진지해졌다. 호수를 보기 위해서는 여러 수고를 들여야 했다. 먼저, 일찍 일어나야 했다. 아침잠이 많은 나로서 새벽부터 일어나 정신없이 나갈 준비를 하는 것은 그 자체로 지옥이었다. 게다가 벤을 타고 높은 산길을 구불구불 올라가야 했다. 멀미에 취약한 나로서는 탑승 자체로 공포였다. 마지막으로는 산소가 희박한 고산 지대를 두 발로 직접 올라가야 했다. 무언가를 얻기 위한 대가는 언제나 확실했다.

 에콰도르 코토팍시 산을 같이 올랐던 동행 효진 형과 또 한 번의 동행을 하게 되었다. 코토팍시 화산을 성큼성큼 올랐던 그는 69호수를 향해서도 거침없이 올라갔다. 나도 나름의 운치를 즐기며 신 나게 올라가보고자 했지만, 아무리 걸어도 끝이 보이지 않는 길에 멘탈이 점점 흔들렸다. 산소가 점점 줄어들면서 몸도 꽤 무거워졌다. 그래도 다행인 건 가끔 인사를 해주는 현지인 관광객들이 있어 종종 입을 열며 정신을 다잡을 수 있었다.

 중간 호수에서 잠시 쉰 후 다시 1시간을 걸어 69호수에 도착했다. 장엄한 설경 아래 푸르게 펼쳐진 에메랄드빛 호수가 거칠 대로 거칠어진 내 마음을 녹였다. 어떻게 저렇게 파랗지? 놀라웠다. 입술도 저리고 머리도 어지러웠지만, 신 나는 마음이 더 앞섰다. 효진 형은 감동이 엄청났는지 호수 빙하 물에서 수영할 거라고 했다. 고산이라 날씨가 추웠을 뿐만 아니라 내려갈 힘도 없었기에 나는 엄두도 내지 않았다. 그저 형의 입수를 보고 대리만족을 하며 눈으로만 풍경을 담았다.

 경치 구경도 잠시, 다시 내려갈 생각에 걱정이 앞섰다. 마음 같아서는 순간 이동으로 숙소 침대에 눕고 싶었다. 감상을 마무리하고 하산 준비를 했다. 그래도 내리막길이니 부담을 조금 내려놓고 걸음을 시작했다. 그런데 출발지가 생각보다 너무 멀었다. 허기가 졌다. 하지만 등산길에 음식과 음료를 거의 다 먹어치워 버렸다. 지나가는 어떤 사람은 토하고 뛰기를 반복했다. 충격적이었다. 내리막길에서 더 많은 것들이 흔들렸다.

 게다가 갑작스러운 기상 변화로 비까지 내렸다. 남은 물 조금으로 연명하며 겨우 출발지로 돌아왔다. 춥고 정신이 혼미했다. 도착하자마자 보이는 작은 노점에서 쿠키 몇 개와 이온음료를 사 홀린 듯이 까먹었다. 욕이 절로 나왔다. 와 시발! 맛도 안 느껴졌다. 하지만 아직 끝이 아니었다. 좁은 벤 안에 몸을 싣고 구불구불한 길을 내려가야 했다. 긴장이 풀리니 두통이 더욱 심해져 멀미약과 고산 약을 허겁지겁 먹었다. 무사히 돌아갈 수 있을까 싶었다. 우선 벤에 탄 후 눈을 감고 조금만 참자는 말을 속으로 되뇌었다. 잠깐의 좋은 풍경을 얻기 위한 대가는 너무 지독했다. 무엇 때문에 이 고생을 하고 있나 싶었다.

무언가를 이루기 위해 오르는 일은 원래 다 이런 걸까? 올랐을 때의 그 희열은 짜릿하지만, 그것이 그렇게 오래가지는 않는다. 그럼에도 사람들은 자주 등산을 한다. 어디든 올라보고 싶어 한다. 왜일까? 올랐으면 어차피 다시 내려가야 하는데 말이다.

다른 여행자들에게 못 볼 꼴을 보이지 않기 위해 모든 고통을 견뎠다. 무엇보다 구토가 나오려는 느낌이 너무 싫었다. 머리를 부여잡고 버티니 드디어 포장도로. 걱정할 만큼의 최악의 상황은 벌어지지 않았다. 정신을 차릴 때 즈음 벤이 멈춰 선 곳은 아이스크림 카페였다. 효진 형의 권유로 아이스크림을 사서 한 스푼을 입에 물었다. 차갑고 달콤한 것이 입에서 녹았다. 최악을 맞지 않은 귀갓길의 다행스러운 맛이었다.

'다행'의 사전적 의미는 '뜻밖에 일이 잘되어 운이 좋다'라는 뜻이다. 정상 위 희열보다 짜릿한, 하산 후 다행이었다. 이 맛에 등산을 하는 건가?

● 에피소드 24

 와라즈 고산 일정을 마치고 해발 0미터에 가까운 페루의 수도 리마에 왔다. 관광지로 유명한 미라플로레스 지역 옆에 바랑코 지역이 자리를 잡고 있다. 바랑코는 예술로 유명한 지역이었다. 골목골목에는 작고 근사한 카페, 갤러리가 있어 걸어 다니는 재미가 있었다. 역시나 저렴하고 실속있는 숙소를 찾다 보니 바랑코 지역에 자리를 잡게 되었다. 이집트 다합에서 산 흰색 슬리퍼를 질질 끌고 거리를 정처 없이 걸어 다녔다. 노란 벽에는 다양한 느낌의 벽화들이 그려져 있었다. 게다가 건조한 바람, 뜨거운 햇살, 바다 비린내에 하얀 하늘까지. 왜 바랑코가 예술의 동네인지 알 것 같았다.

 고산에서의 고생에 대한 보상심리였을까? 리마에서는 특별한 걸 하지 않았다. 늦게 일어나서 끼니를 대충 때우는 망상에 잠겨있다가 또 슬리퍼를 질질 끌고 바닷가에 가거나 근처 카페에 가서 그림을 그렸다. 감정의 소용돌이에 그냥 몸을 맡긴 채 떠다니는 기분이랄까? 그러다 때로는 페루 현지 친구를 만나 이야기를 나누기도 하고, 한인 마트에 가서 한국 라면을 왕창 사 오기도 했다. 왕창이라고 해봤자 3, 4개 정도였다.

아예 아무것도 안 한 것은 아니었다. 며칠을 고심한 끝에 한국행 티켓을 예매했다. 매번 다른 나라의 티켓을 사다가 집으로 향하는 티켓을 사니 마음이 싱숭생숭했다. 여행의 끝에 와서야 한국에 돌아가면 어떻게 살지에 대한 걱정들이 조금씩 들기 시작했다. 예능 피디가 하고 싶었는데 아니 엄밀히 말하면 내가 사랑하는 무한도전에서 일해보고 싶었는데, 무한도전이 하루아침에 사라졌다. 물론 폐지가 되지 않았다고 해서 그들과 일을 할 수 있는 것은 아니었지만, 그래도 막연한 목표가 하나 사라진 기분이 들었다.

 내가 앞으로 할 일은 무엇일까? 나는 무엇을 좋아하고 추구하나? 다른 건 몰라도 넓게 경험하고 깊게 이해하는 것에 흥미를 느낀다는 결론 정도는 지을 수 있었다. 더 구체적인 건? 아무리 생각해도 딱!하고 나오지는 않았다. 그 이상은 너무 복잡해 크게 생각하지 않고 라면과 함께 맥주를 들이켰다. 중력의 고통은 전혀 없는 해발 0미터의 맛이었다.

 하루는 로비에서 또 라면을 끓여 먹다가 다른 여행자들과 대화를 하게 되었다. 그들에게 라면을 한 입씩 먹이고 이런저런 얘기를 나눴다. 그때 한 포르투갈 친구가 클럽에 가자고 했다. 남미 하면 정열. 한 번쯤 남미의 클럽을 가보고 싶기는 했는데 혼자 가자니 총 맞지 않을까 싶어서 엄두를 못 내고 있었다. 포르투갈 친구 한 명, 페루 친구 한 명, 그리고 나 포함 셋이니 괜찮지 않겠나 싶어서 먹던 그릇을 금방 씻고 미라플로레스 번화가로 나갔다.

 시원한 바닷바람이 미라 플로레스 케네디 공원을 가득 채웠다. 우리는 사람이 꽤 있어 보이는 한 디스코텍에 들어갔다. 디스코텍이라는 단어부터 생소한데, 이곳에서는 디스코텍에 많이 가는 것 같았다. 내부를 보니 테이블에서 각자 술을 마시고 놀다가 춤을 추고 싶으면 스테이지에 나와 춤을 추는 구조였다. 한국에서도 클럽의 경험이 그다지 많지 않았기 때문에 오늘 처음 본 친구들과 춤을 추는 것이 꽤 낯설었다. 하지만 친구들은 맥주를 몇 잔 들이켜더니 신 나게 춤을 추었다. 다른 현지인들도 서로 아는 사람들처럼 신 나게 춤을 춰댔다. 와우! 이게 남미인가. 다들 춤을 추니 안 추는 게 더 뻘쭘해 눈 딱 감고 몸뚱이를 흔들었다.

 1차 춤바람을 한바탕 마치고 2차로 브라질리언 바를 갔다. 그곳은 춤을 추는 바는 아니었고 흥겨운 브라질 음악과 함께 여러 칵테일을 맛볼 수 있는 곳이었다. 이미 춤으로 한껏 기분이 업되어 있어서 어깨춤이 절로 춰졌다. 그때 갑자기 포르투갈 친구가 커밍아웃을 했다. 자신이 사실 게이라는 것이다. 갑작스러운 발표와 함께 그는 게이클럽에 가자고 했다. 갑자기 게이바를 가자니? 그러자 그는 일반 클럽보다 훨씬 재미

있을 거라고 하며 입장료는 자기가 다 내겠다고 했다.

 음.. 한 번쯤의 경험은 나쁘지 않다. 게다가 게이클럽이 불법도 아니고, 입장료까지 내준다고 하니 안 가볼 이유는 없었다. 페루 친구 또한 게이클럽은 처음이라며 낄낄댔다. 브라질리언 바 근처에 있는 게이클럽 앞에 줄을 섰다. 포르투갈 친구는 멋지게 3인분의 입장료를 계산했고 우리는 팔목을 내밀어 도장을 받았다. 어두운 통로를 걷는데, 앞으로 어떤 풍경이 펼쳐질지 몰라 조금 긴장이 되었다.

 쿵쿵대는 음악을 온몸으로 맞으며 들어가니 여느 클럽처럼 사람들이 몸을 흔들며 놀고 있었다. 어두워서 그런지 일단은 엄청나게 파격적인 그림은 보이지 않았다. 그때였다. 위스키를 한 잔 사고 있는데 포르투갈 친구가 어딜 잠시 다녀오겠다며 군중으로 들어갔다. 와우. 그가 정말 남자들 무리에서 부끄러워하며 몸을 흔드는 것이 아니겠나! 여행하면서 종종 동성애자들의 스킨십을 목격한 적은 있지만, 함께 놀던 사람의 스킨십을 목격한 건 처음이었다. 페루 친구는 좀 더 적극적으로 하라며 그의 등을 더 깊은 손으로 떠밀었다. 그러자 그는 싫지 않은 듯이 웃으며 한 남자와 몸을 비볐다.

 분명 처음 보는 광경이었지만 그들의 행복한 모습을

보니 또 그렇게 이상해 보이지도 않았다. 긴장이 조금 풀렸을까? 클럽의 전체적인 모습이 눈에 들어왔다. 정말 모든 이들이 신 나게 춤을 추고 있었다. 스테이지 위 여장을 한 레이디 보이들부터 스테이지 아래 사람들까지 모두 음악에 맞춰 몸을 흔들었다. 이건 정말로 춤을 안 추고 배길 수가 없었다. 왜 남미 하면 열정을 떠올리는지 알 것만 같았다.

클럽을 많이 가보지는 않았지만, 이전에 갔던 한국 클럽에서는, 춤보다 이성을 만나는 것에 혈안 되어 있는 사람들을 자주 보았다. 가만히 서서 눈만 굴리고 있는 사람들 앞에서 정신을 놓고 춤을 추기란 여간 어려운 일이 아녔다. 물론 놀 용기가 그만큼 부족했던 탓이 제일 크긴 했다. 그래서 모든 클럽은 조금씩 그런 사람들이 있을 것으로 생각했다. 하지만 리마에서 그 선입견은 모두 깨졌다. 우선은 즐기고 그다음에 사랑을 찾든 말든 그건 각자 알아서 할 일이었다. 눈알만 굴리고 있는 사람을 찾아보기 어려웠다.

새벽 4시까지 춤을 추고 놀았다. 함께한 친구들이 있기에 나름 안전하게 화끈한 밤을 보낼 수 있었다. 하룻밤을 그렇게 불나방처럼 놀고 나니 몸은 피곤했지만 묘한 쾌감이 있었다. 되게 오랜만에 이렇게 정신없이 놀았다. 남미의 열정을 흡수한 기분이랄까? 후후.

새벽에 숙소에 돌아와 정오가 지날 때까지 잠을 잤다. 점심을 먹을 줄 로비로 나가니 포르투갈 친구가 한 남자와 함께 방에서 나왔다. 아무래도 어제 클럽에서 친해진 모양이었다. 속으로 어떻게 대처해야 할지 괜히 난감해하고 있었는데, 다행히 그들이 먼저 편하게 인사를 건네주었다. 문득 내가 살던 세상은 참 좁은 세상이었다는 생각이 들었다. 그런데 또 동시에 그렇다고 다른 세상이 별로 넓을 것도 없다는 생각이 들었다. 방식은 달라도 행복과 즐거움을 쫓는 건 누구에게나 똑같기 때문이다.

흠, 그렇게 돌아온 자기 성찰. 나는 어떻게 행복을 쫓지? 생각해봤다. 흠, 그런데 그놈의 생각, 생각, 생각! 어젯밤, 몸을 흔들며 환호하는 사람들의 미소를 떠올렸다. 그들을 생각하니 어쩌면 행복을 위해, 행복을 생각하는 것만큼 미련한 짓이 없는 것 같았다. 물론, 생각은 쓸모 있어 보이고 춤은 참 쓸모없어 보이지만 사실 무언가를 좋아하는 것에는 쓸모 따위를 가리지 않으니까 말이다.

스읍, 배가 고팠다. 우선은 라면이나 하나 끓여 먹고 옥상에 올라가 바닷바람을 맞으며 몸이나 살랑살랑 흔들어야겠다!

● 에피소드 25

 짐을 정리하면서 버릴 것들을 버렸다. 돌아갈 일만 남으니 버릴 것들이 확실해졌다. 해발 5000미터의 무지개산 비니쿤카와 잉카문명의 대표 관광지 마추픽추를 다 보고 이제는 쿠스코 시내에서 쉬기만 하면 되었다.

 배낭 속 새로운 곤간이 생기니 가족과 친구들 선물 생각이 들었다. 그동안은 가방이 무거워질까 봐 선물 생각은 꿈에도 못 꿨는데, 정말 여행 막바지는 막바지였다. 느지막이 숙소를 나와 산 페드로 마켓에 갔다. 동생 주려고 알파카 인형도 사고 또 다른 시장에 들러 부모님을 위한 페루 전통 조각품도 샀다. 흥정도 이제는 지겨워 적당히 가격 비교를 하고 빠르게 물건을 샀다.

 페루 대표 관광지라 그런지 몰라도 쿠스코에서는 물건을 조금이라도 비싸게 팔려는 경향이 있었다. 투어 패키지를 고를 때도 현지 화폐 단위인 솔을 달러로 바꿔 바가지를 씌우기 일쑤였다. 물론 다른 나라의 관광지도 이런 일들은 비일비재했다. 하지만 상인들과 가격 전쟁을 벌일 에너지가 더는 남아 있지 않아서 그런지 그런 상술들이 더욱 버거웠다.

오후에는 쿠스코의 옛 요새였던 삭사이와만 유적지에 혼자 가보기로 했다. 택시에서 내려 천천히 입구로 걸어 올라가는데 슈퍼에서 한 현지인 여성이 내게 왔다. 삭사이와만을 포함한 쿠스코의 여러 관광지를 도는 택시투어를 싸게 진행하고 있다는 것이었다. 그녀는 유적지들이 아주 멀어서 택시로 가는 게 편할 거라고 했다. 처음에는 거절했지만, 계속되는 그녀의 설득에 마음이 조금 솔깃해졌다. 내게는 이미 전체 유적지를 갈 수 있는 통합 입장권이 있었고, 그녀의 말투가 꽤 선해서 괜히 들어주고 싶었다.

 어차피 정해진 일정도 딱히 없으니 관광지 중 가장 멀리 있는 탐보마차이라는 곳만 가기로 했다. 택시비는 20솔(한화 약 6,600원)로 현지 교통비치고는 조금 비싼 돈이었다. 하지만 그만큼 먼 곳이라고 하니 드라이브한다는 생각으로 택시를 탔다. 그런데 막상 도착하니 10분 정도 만에 유적지에 도착했다. 20솔이 턱없이 아까웠다. 심지어 유적지 규모가 그리 크지도 않았다. 나름의 의미를 찾고자 여기저기 둘러보았지만, 딱히 몰입되지 않았다. 그저 내게 거짓말을 한 사람에게, 그리고 별생각 없이 덜컥 제안을 받아들인 나 자신에게 짜증이 났다.

 빠르게 다시 삭사이와만 앞으로 돌아와 무표정하게 20솔을 건넸다. 그녀도 나의 불편한 심기를 느꼈는지 눈치를 조금 보는 듯했다. 그렇다고 그녀가 갑자기 악해 보이지는 않았다. 하지만 선해 보이는 사람이 내 돈을 뜯어간 거 같아 섭섭한 마음은 들었다. 더 따지고 싶지도 않아서 얼른 택시를 벗어나 처음 가려고 했던 삭사이와만 유적지로 향했다.

해가 조금씩 고개를 떨구는 오후, 삭사이와만 돌무더기에 앉아 노오란 들판과 저 멀리에 있는 쿠스코 시내를 번갈아가며 보았다. 들판 위에는 가족, 커플들이 듬성듬성 앉아 그들만의 오붓한 시간을 보내고 있었다. 평화로운 풍경을 보고 있자니 더 높은 곳에서 제대로 노을을 보고 싶어졌다. 문득 멀지 않은 곳에 쿠스코 전경을 볼 수 있다는 예수상이 떠올라 곧장 자리에서 일어나 걸음을 옮겼다.

걸으면서 문득, 쿠스코에서 당했던 이런저런 덤터기들을 떠올렸다. 개인적으로만 보면 그 상인들이 좋은 사람일 수도 있지만, 판매자와 구매자로 만났을 때는 달라진다. 특히나 관광지에서 여행자는 구매력을 가진 좋은 먹잇감이다. 극단적인 얘기일 수도 있다. 하지만 그렇다고 해서 상인들의 호의를 그저 인간적인 선의로만 착각한다면 생각보다 더 큰돈을 내게 될 수도 있다. 그들의 호의가 때로는 돈을 얻기 위한 서비스일 수도 있기 때문이다. 새삼 인간이 참 복잡하고 교활한 존재라는 생각이 들었다.

십여 분을 걸어 도착한 예수상 앞에 앉아서 세상 심오한 생각을 이어갔다. 날 먹잇감 정도로 생각하는 불특정 누군가에 대해 한탄을 하면서 말이다. 돈 앞에서 작아지는 인간성이여! 그때였다. 한 꼬질꼬질한 생명체 하나가 내 시야 안으로 쓱 얼굴을 들이밀었다. 알파카였다. 뒤에는 페루 전통 의상을 입은 중년 여성이 딸과 함께 알파카를 잡고 서 있었다.

 쿠스코에는 알파카를 데리고 다니며 돈을 받고 사진을 찍게 해주는 사람들이 많았다. 심지어는 5,000m 산 정상 위에도 알파카를 끌고 온 여성이 있을 정도였다. 그렇다고 그들이 딱히 호객하지는 않았다. 그냥 알파카를 데리고 다니면 사람들이 알아서 사진을 찍으러 왔다. 내 앞에 온 중년 여성 또한 딱히 호객할 마음은 없어 보였고 그저 잠시 석양 시간에 맞춰 올라왔다가 숨을 고를 겸 멈춰 선 것이었다.

 우연히 내 시야 속에 들어온 알파카는 정체 모를 무언가를 씹으며 메에~ 거렸다. 껌뻑. 검고 둥근 눈이 껌뻑였다. 이 녀석은 지금, 해가 지는지 어떤지에는 별로 관심이 없어 보였다. 그저 입속 무언가를 맛있게 음미하면 그만이었다. 쿠스코 위를 환하게 비추던 해가 주황빛으로 하루의 마무리를 하고 있었다. 내 뒤에는 큼지막한 예수상이 쿠스코 시내를 향해 두 팔을 벌리고 있었고, 같은 방향으로 앉은 사람들은 그 아래서 자신의 이야기를 소곤소곤 나누었다.

 내가 여태껏 무슨 고민에 혼자 빠져있던 것일까? 레드 썬! 존에서 깨어났다. 나란 사람이야말로 가만히 두어도 스스로 복잡해지는 사람 같았다. 주거니를 뒤져 3솔을 꺼내 주인에게 주고 그 알파카 녀석을 눈앞 모습 그대로 사진에 담았다. 나만 복잡했을지도 모르는 순간을 남기고 싶었다. 찰칵!

 해가 자취를 감추고 흔적만 남기니 공기가 꽤 쌀쌀해졌다. 어둠이 오기 전에 마을로 내려가야 했다. 길가로 몸을 돌리는데 하루를 정리하고 있는 기념품 상인들이 보였다. 그들은 관광객이 지나가든 말든 자기들끼리 시시덕거렸다. 하루 수입이 꽤 짭짤했을까. 아니면 그저 집에 돌아가는 것이 설렜을까. 아직 정리가 덜 끝난 곳에 가서 나를 위한 싸구려 기념품을 몇 개를 골랐다. 상인은 다른 곳보다 훨씬 싼 가격으로 여러 개를 가져가라고 했다. 생각지도 못한 파격 세일에 무얼 고를지 행복한 고민이 들었다. 그래 두 개. 두 개면 적당하다! 상인이 신문지를 꺼내 조각품 두 개를 놓고 둘둘 말았다.

 어쩌면 모두 자신을 지키기 위한 크고 작은 게임을 하는 것일지 몰랐다. 대낮에 열심히 게임을 치르면 온전한 저녁을 즐길 수 있으니까 말이다. 인간이 복잡하고 교활하다고 하기 이전에 단순히 생존하기 위해서.

 신문지에 말린 기념품을 한 손에 들고 터벅터벅 마을로 다시 내려갔다. 날씨가 추워지니 얼른 따뜻한 물에 샤워하고 싶어졌다. 그래서 내리막길을 후다닥 내달렸다. 감기에 걸리면 안 되니까. 이제 곧 밤이었다.

○ 나오며

373일. 무지갯빛 수많은 배경을 거쳐 원점으로 돌아왔다. "여행 다녀와서 바뀐 게 있어?" 귀국 후 만나는 사람마다 이런 질문을 했다. 결론부터 말하자면 크게 바뀐 것은 없었다. 여전히 남 신경을 쓰고, 생각이 많아 때론 겁쟁이가 되며, 죽음을 아직도 두려워한다. 시간과 돈을 들인 것치고는 너무 원점 아닌가 싶기도 하다.

그럼 나에게 무엇이 남았나? 서울 행 비행기 안에서였다. 다시 원점이라니. 문득 겁이 났다. 이러고만 있을 게 아니었다. 작은 가방에서 펜과 사진 종이 한 장을 급히 꺼냈다. 그리고 사진 뒷면에 좋아하는 것들을 써보았다. 하루 끝 샤워, 건조하고 그윽한 바람, 아늑한 공간, 봄, 웃는 아기, 석양, 더울 때 콜라, 친구, 해변에 퍼져있기, 낙타 뒤꿈치… 금세 종이 한 장이 꽉 찼다.

이어서 나의 장점들을 적었다. 착하다. 친절하다. 상상력이 좋다. 관찰을 잘한다. 밥을 잘 먹는다. 반성한다. 은근 건강하다… 참 사소한 것들이었다. 너무 사소해서 이런 것들을 얻었다고 말하기에 머쓱할 만큼.

좋은 죽음? 사실 베트남의 오토바이들을 보는 순간부터 이미 다 잊었다. 너무나 생생한 현실의 순간 앞에서 '끝'을 생각할 여유는 없었다. 처음에는 무슨 해답이 딱 하고 나올 줄 알았다. 나름 용감한 시작을 했으니 삶을 송두리째 바꿔줄 그런 극적인 해답도 오지 않을까 싶었다. 하지만 내가 바뀌지 않으면 아무것도 바뀌지 않았다. 나의 현재는 '생각'보다 미온했다.

 물론 어디에나 진리는 있었다. 비행기를 타고, 배를 타고, 버스를 타고, 또 걸어서 맞닥뜨렸던 모든 곳에 나름의 진리가 숨어 있었다. 그런데 그 어떤 화려한 진리도, 쫓아가면 막상 별 게 아닌 게 되어버렸다. 왜냐하면, 진리를 담을 그릇이 아직 안 되어 있었거든.

 지구 한 바퀴를 돌아 다시 원점. 그 원점의 끝에서 발견한 건, 거울을 마주한 내 모습뿐이었다. 내가 돌아갈 곳은 저 먼 미래도, 다른 차원도 아닌 지금의 나였다. 그리 멋있지도 또 그리 못나지도 않은 무표정의 나. 여전히 좋은 미래를 바라고 더 멋있어지고 싶다. 하지만 그 해답은 어디에나 있고 또 어디에도 없다.

 흠 그럼, 표정을 지어보면 좀 멋있어지려나? 거울을 한번 쓱 하고 닦아봐야겠다. 지금 여기, 다시 원점이다. ○

여행하면서 느낀 나의 단점.

- 하하다. 본성에 얽매여있다. 생각보다 왜곡. 산만하다.
- 내 시간을 가질 줄 안다. 고전하다. 서투러지려한다.
- 느려지만 잔정과 유한 정단적 좋다. 상상력이 좋다.
- 섬세한 면이 있다. 배려를 할 안다. 돌기 해야할 땐 학전하다.
- 꾀 많이 있다. 염려있는 편. 온화하다.
- 꼼꼼히 준비해야만 초조하지만 잘 행한다. 우직우직하다.
- 농는 좋아한다. 환경을 잘 한다. 믿음서러보다.
- 눈맛 볼 좋아한다. 숫자에 면역능 없다.
- 민원에 익기있다. 겸손하다. 쉽게 웃지 문다.
- 기 면을 깨려한다. 딸받화하게 말으려 한다.
- 먹당 때를 안다. 밟을 말한다. 응장해한다.
- 좀 까칠하다. 느끼러 하다. 행량하다.
- 말을 아낀다.

여행하며서 느낀 내가 좋아하는 것.

- 하구를 사위. 건하고 그득한 바람. 하다 보다.
- 찜담. 아늑한 공간. 보드라. 봄. 강아지.
- 웃는 아기. 석양. 스프링롤. 차. 덤배 후회.
- 자매한 악세서리. 초코칩. 바다. 별명 여히 없는 아침.
- 꽃다이. 사귀. 해변에 떠먹었어. 손메뿐 슈에라-
- 천위. 햇살. 밥. 마이리. 돼지리기. 친벽.
- 콘라브레이션 밴드. 거친 목소리. 맨밥. 숙수 대화.
- 착한 사람. 한적한 오후. 곡소리 무늬. 고등어.
- 끼있는 고양이. 저녁 맥주. 뜨는 아이들. 벤치.
- 발개기 와사. 낙타 뒷몸자. 꽃. 물에 치기. 편편.
- 좌박에서 음악듣기. 싸방에 마늘. 선안당.
- 가게에 마진 사람. 피노타치오. 풀러 가는 웃 진동술록줄것.
- 바다 있는 도시. 편한 친구. 커피한잔. 토마토스카기터.
- 음악들이 작가. 배북. 따뜻. 초은 날 라때. 기고마 여편.
- 글귀베껴. 커러우이스. 묘러하기. 피테이카.
- 엽서. 바다 없는 마음. 자전거타고 내려올. 해버기.
- 별 보는 것. 맛깔에 숙려진. 포은 학을 한잔에 되여

p.s
이 책은
여정 1%의 영감을
기록한 찰나입니다.

여행을 다녀오고,
다시 책으로 내기까지

여정 99%의
일상이 되어준
모든 분들께
감사드립니다.

원점.

초판 1쇄 발행 2020년 11월 25일
펴낸이 김진규
펴낸곳 주머니시
등록 2017년 6월 30일 제 2017-000014호

디자인 김진규
그림 김진규
E-mail jingyu.official@gmail.com
Instagram @jingyu_jk
ISBN 979-11-90706-04-9

이 책은 저작권법에 따라 보호를 받는 저작물입니다.
무단전재와 무단복제를 금합니다.

ⓒ 2020. 김진규 All rights reserved.